A SPACE
CALLED
AMERICA

미국이라는 공간

부동산 투기 · 노예제 · 인종 차별 · 인디언 제거 · 뺏기는 삶의 터전

김준우 저

박영사

이명혜 마리아 막달레나 靈前에 이 책을 바칩니다.

One Art

Elizabeth Bishop

The art of losing isn't hard to master;
so many things seem filled with the intent
to be lost that their loss is no disaster.

Lose something every day.
Accept the fluster of lost door keys,
the hour badly spent.
The art of losing isn't hard to master.

Then practice losing farther,
losing faster: places, and names,
and where it was you meant to travel.
None of these will bring disaster.

...

Even losing you (the joking voice, a gesture I love) I shan't have lied.
It's evident the art of losing's not too hard to master though
it may look like (Write it!) like disaster.

'펄 벅(Pearl Buck)'『대지(The Good Earth)』나 박경리 『토지』처럼, 이 책은 땅에 대한 애착과 집착을 다룬다.

미국 초대 대통령은 인디언의 땅을 약탈하고 부동산 투기에 열을 올린다. 땅을 매개로 한 착취의 굴레에서 흑인은 빠져나오기 힘들어 한다. '인디언'이라고 멸시받는 토착민은, 땅을 지키기 위해 싸운다. 때로는 협상한다. 영화 '로건(Logan)'에서처럼, 희망의 땅 캐나다로 탈출한다. 백인의 삶 역시 어렵다. 이 땅에서 저 땅으로 먼지처럼 굴러다닌다.

이 책은 소설보다 더 쉽다. 한 번 시작하면 더 쉽게 끝낼 수 있다. 지도, 사진, 그림으로 읽지 않고도 이해할 수 있다. 자연스럽게 미국 역사와 지리를 이해한다.

경험이 녹아 있기 때문에, 살아 움직인다. 저자의 복수 전공 'Urban Studies'는 학과 자체가 60년대 민권운동 결과물이다. 학과 주최 외부 인사 강연은 언제나 흥미로웠다. 'Black Panther'라는 흑인 운동을 하다 복역한 경험이 있는 이의 강연은 특히나 그랬다. 미국 사회에 대한 이들의 울분을 느낄 수 있었다.

간접 경험 역시 소중하다. '얼굴이 검은 상태로 운전하던 DWB Driving While Black' 친구가, 인근 도시로 차를 몰고 가다가 경찰에게 수모를 당했다. 그 친구가 흥분해 얘기할 때는, 여기가 미국이 맞나 하는 생각을 했다. 그러한 곳이 미국이라는 것을 이 책은 보여준다.

한번 더 읽어볼 만한 책이기도 하다. 영화 '그린 북(Green Book)'에 나오는 '해넘이 동네(Sundown town)'는 미국의 현재이다. 토착민 이야기는 우리가 가진 편견을 부수어 준다. 어려움을 극복하는 모습은 감동적이다.

　　Michigan State University에서 배운 것이 이 책의 근간을 이룬다. Dr. Richard Child Hill의 미국 도시 분석과 Dr. Ralph Pyle의 미국 사회 강의는 본문에 그대로 들어 있다. 아주대 경제학 김동근 교수님의 금본위제 설명도 마찬가지이다.

　　어머니 투병 중에 늘 기도해 주신 최상준 유스티노 신부님과 간병을 맡아 준 이무순 이모에게 감사드린다. 신경 써 주는 고향 친구(구진만, 김중모, 박재영, 신현덕, 안준모, 유영준, 정우철, 정유인)에게 고마움을 전한다. 격려해 주시는 전남대 김동문, 조인숙 선생님에게 감사드린다. 얘기를 들어주시는 박상훈 선생님에게도 감사드린다.

　　중학생 김단아 에스더, 초등학생 김지환 다윗은 1장 초고를 읽고 재미있다 얘기해 주었다. 이들은 책을 끝까지 쓸 수 있게 해 주었다.

　　꼼꼼하게 원고를 봐 주신 권도연 선생님, 표지를 만들어 주신 이미연 선생님, 과정을 진행해 주신 이영조 차장이 손으로 만질 수 있게 책을 만들어 주셨다.

2020년 6월
저자

CHAPTER

01
부동산 투기

CHAPTER 01. 부동산 투기

미국이라는 공간을 잘 이해하는 방법 중 하나가 부동산을 이해하는 것이다. 공간을 구성하는 기본 요소인 땅에서 이해를 시작하는 것이 효과적이다. 땅은 누구가 어떻게 가지고 사용하는지, 또 어떻게 거래되는지 파악하는 것이 필요하다.

"부동산 투기로 미국 공간을 이해할 수 있다"라는 문장은 단순한 것처럼 느껴지지만, 설득력이 있다.

'오컴의 면도날(Occam's Razor, Ockham's Razor)'이라는 표현이 있다. 단순할수록 좋다는 이야기이다.

이 방법은 보편성을 가진다. 미국과는 많이 떨어진 분쟁지역의 예를 들어보자. 2017년부터 시작된 미얀마 로힝야 인종청소는 흔히 종교 갈등으로 이야기된다.

교과서에 나올 수 있는 전형적인 인종청소라고 UN이 이해하는 이 갈등은, 땅에 대한 이야기로 쉽게 설명된다.

〈그림 1-1〉에 나오는 미얀마 북서부 천연심해 항구인 차우크퓨(Kyaukpyu)[1]가 위치한 곳이 로힝야 민족의 거주지역이다.

토지의 약탈이 흔한 미얀마의 현실이 이번 인종청소의 기본적 원인이다. 정상적 시민권을 가지고 있는 미얀마 국민도 제대로 된 보상 없이 토지를 뺏기는 경우가 많다.

---

[1] 다음백과에는 '차욱피유'라고 표기되어 있다. 영어 표기로는 Kyaukphyu 역시 쓰인다.

그림 1-1 미얀마 송유관[2]

1990년대부터 미얀마 군사정권은 사람들에게서 땅을 빼앗아 왔다. 이는 당하는 사람의 종교나 민족과 상관없이 벌어지는 일이다.

땅의 탈취는 주로 개발을 명목으로 한다. 군사시설, 천연자원 채굴, 관광 단지 조성, 농업단지 조성 등을 목적으로 한다(Forino et al, 2017).

약자인 로힝야 민족에게 보상 없이 땅을 뺏는 것은 사업을 추진하는 이들에게 쉬운 일로 보였을 것이다.

로힝야 사람은 오래전부터 미얀마 국민이 아니었다. 1982년부터 공식적으로 시민권이 부정되어 왔다.[3]

일대일로 사업의 일환으로 진행되는 송유관을 둘러싼 토지의 문제가 로힝야 인종청소의 근원적 원인이다.

다시 말하지만, 근본 원인은 돈이다. 흔히 이야기하는 광신적 폭력적 미얀마 불교 신자의 문제가 아니다.

송유관 근처의 땅을 확보하는 것이 문제의 핵심이다. 중국과 미얀마 당국이 모두 로힝야 문제에 대해 대체적으로 입장을 같이하는 것도 이렇게 땅을 둘러싼 이해관계가 일치하기 때문이다.

〈그림 1-1〉과 〈그림 1-2〉는 이를 잘 보여준다. 〈그림 1-2〉는 로힝야 사람이 주로 사는 '라카인 주(Rakhine state)'이다. 왜 땅을 뺏고 싶어 하는지를

---

2 2017.5.8. 서울신문 "미얀마 최대 항구 일대일로 거점된다" 이창구 특파원.

3 https://en.wikipedia.org/wiki/Rohingya_genocide

쉽게 알 수 있다.

물론 정치적 요인도 있다. '말라카 해협(Strait of Malacca)'을 거치지 않고도 원유 공급을 가능하게 하려는 중국의 지정학적 고려가 작동한다.

유조선이 지나가는 좁은 바다에 대한 군사적 통제권은 중요하다. 이란이 호르무즈 해협의 통제권을 주장하려 한다고 하자면, 이와는 달리 미국은 말라카 해협에서 실질적이고 안정적 통제권을 가지고 있다.

미국 해군에 의한 해협 봉쇄라는 미래 한 장면의 설정은, 중국에게는 생각하고 싶지 않은 악몽이다.

돈은 통찰력 있는 도구이다. 도시와 지역이라는 공간을 이해하는 데에도 '공간을 기반으로 하는 돈'인 부동산을 살펴보는 것이 효과적이다.

그림 1-2 미얀마 라카인주4

"돈이 마음을 나타낸다"는 표현은 너무나 일상적으로 악용되어 왔다. 하지만 누구도 이 표현을 폄하하지 못한다. 사람과 세상이라는 수수께끼는, 돈이라는 하나의 실마리로도 쉽게 풀린다.

---

4 https://commons.wikimedia.org/wiki/File:Rakhine_State_in_Myanmar.svg

1.1
땅 뺏기와 미국 독립전쟁

미국 독립의 본질은 자유의 쟁취라고 미국인은 초등학교 시절부터 진지하게 배운다. 물론 거짓말이다. 평생토록 믿고 사는 하나의 거짓말인 셈이다.

어느 나라에서나 대부분 사람들은 이러한 거짓말을 믿고 평생 살아나간다. 한국도 마찬가지이다.

단군신화를 생각해 보자. 누구도 이러한 기록이 실제의 역사라고 설득력 있게 제시할 수 없다. 민족주의 고취를 위한 거짓말이다.

여기서 간단한 질문을 독자에게 해 보자! 답은 둘 중 하나이기 때문에 간단하다.

유럽인이 미국에 처음 정착한 이유는 무엇인가? 정치/종교적인 이유인가 아니면 경제적 이유인가?

많은 미국인이 정치/종교적 이유가 답이라고 알고 있다. 초등학교 지식뿐 아니라 실질적 국가의 역할을 하는 "America(My Country, 'Tis of Thee)" 가사에도 나오기 때문이다.

가사를 한 번 살펴보자. 'pilgrim(청교도)'이라는 단어가 1절부터 자유와 연결되어 나온다.

> My country, 'tis of thee,
> Sweet land of liberty,
> Of thee I sing;
> Land where my fathers died,
> Land of the pilgrims' pride,
> From ev'ry mountainside
> Let freedom ring!

하지만 정답은 경제적 이유이다.

2019년 강혜정이 번역한 책 『알려지지 않은 미국 400년 계급사』가 이에 대한 설명을 잘 해준다. 원저자는 Nancy Isenberg이다. 2016년에 White Trash: The 400 year untold history of class in America라는 제목으로 출간된다. 서론 34쪽을 보자:

개스트(John Gast)의 1872년 그림 「미국의 진보(American Progress)」를 보면 들판에 대륙을 가로질러 서진하는 서부 개척자 무리가 보이고, 그들 위로 공기처럼 가벼워 보이는 여신이 날고 있는 모습이 담겨있다.

서진에 방해되는 원주민과 버펄로들은 승합마차, 짐마차, 기차선로, 전신선 등에 의해 옆으로 밀려났다.

빌링스의 조각상 역시 신앙의 여신 도래를 알리는데, 개스트 그림 속의 여신이 그렇듯이 메이플라워호에 탔던 실제 사람들 위로 우뚝 솟은 모습이다. 조각상의 기단에 해당하는 구조물 측면을 보면, 메이플라워호 탑승자들의 이름이 별로 눈에 띄지 않게 나와 있다. 이리하여 최초의 영국인 정착자들이 신대륙으로 이동한 개인적인 동기가 종교적 자유라는 하나의 압도적인 요인으로 포괄되었다.

이들 최초 정착자들은 말이 없다. 그리고 모든(기록된 이들과 연결되는 실제 사람들) 흔적이 사라졌기 때문에 식민지 건설의 복잡한 과정은 더없이 간략하게 압축되고 망각되었다. 실패한 사람, 후손과 유산이 없는 사람들에 관한 기억은 남지 않는다. 대신에 행진 중인 진보라는 공허한 상징을 가진 후대들이 남았다.

이처럼 역사를 압축하고 키질하듯 걸러내는 것이 자연스럽고 중립적인 행동처럼 보일지 모르지만, 결코 그렇지 않다. 초등학교 수준 역사가 일반 성인의 역사가 되는 것이 바로 이런 수단을 통해서다. 그런 식으로 우리가 배운 위대한 미국의 전설은 1630년대 이후 종교적인 이유로 매사추세츠 식민지에 온 사람이 채 절반도 되지 않는다는 엄연한 사실을 배제하고 있다.

그림 1-3 American Progress[5]

한편으로 우리가 어린 시절 생각 없이 받아들인 과장된 이야기들은 어떤 식으로든 우리 내면에 남아 있게 된다. 결과는 마음에 드는 신화들에 대한 더없이 단호하고 강경한 신념을 만들어내는, 편협하게 형성된 국가에 대한 소속감이다.

〈그림 1-3〉은 앞서 언급된 John Gast의 그림이다. 설명이 앞서 언급된

---

5 Artist: John Gast (painter)   Title: American Progress   Collection: Autry National Center
Date: 1872   Medium: oil   Dimensions: 12 3/4 inch × 16 3/4 inch
Description: This painting shows "Manifest Destiny" (the belief that the United States should
expand from the Atlantic to the Pacific Ocean. In 1872 artist John Gast painted a popular
scene of people moving west that captured the view of Americans at the time. Called "Spirit of
the Frontier" and widely distributed as an engraving portrayed settlers moving west, guided and
protected by Columbia (who represents America and is dressed in a Roman toga to represent
classical republicanism) and aided by technology (railways, telegraph), driving Native Americans
and bison into obscurity. It is also important to note that Columbia is bringing the "light" as

내용과 비슷하다. 미국 영토가 대서양에서 태평양까지 뻗어야 한다는 믿음이 'Manifest Destiny'이다. '명백한 운명'으로 흔히 번역된다.

미국으로의 유럽인 정착과 마찬가지로, 미국의 독립의 실체 역시 고귀한 이상과는 거리가 멀다.

미국인이 초등학교 때 배우는 내용과 역사적 사실은 매우 다르다. 물론 새로 독립한 미국의 체제는 영국과 다른 면이 있다. 주로 귀족으로 구성된 영국 상원과 미국 상원이 다르긴 다르다(Isenberg, 2016:26).

마찬가지로 물론 '대표 없이는 과세 없다'라는 표현이 틀린 것은 아니다.

영국이 자국 이익을 위해 이런 저런 조치를 취한 것은 역사적 사실이기 때문이다.

설탕과 당밀에 대한 밀수를 뿌리 뽑으려는 설탕법(sugar act, 1764)은 어려운 경제 상황에서 오는 과세 부담 때문에 반발을 불러일으킨다.

〈그림 1-4〉와 〈그림 1-5〉는 공문서에 도장 값을 매기는 인지세법(stamp act, 1765)에 대한 것이다.

이 법안은 당시 백인 정착민을 화나게 한다. 식민지에 대한 과세가 일방적이라고 생각하게 만든다. 동의는 미국 식민지 의회를 통해서만 성립한다는 인식이 생긴다.

다음과 같은 구호가 힘을 받는 장면이다:

뜻이 반영된 법률에 의하지 않고서는 납세 의무가 없다.

No taxation without representation.

---

witnessed on the eastern side of the painting as she travels towards the "darkened" west.
https://commons.wikimedia.org/wiki/File:American_Progress_(John_Gast_painting).jpg

그림 1-4 인지세 인쇄본6

Georgii III. Regis.

C A P. XII.

An Act for granting and applying certain Stamp Duties, and other Duties, in the *British* Colonies and Plantations in *America*, towards further defraying the Expences of defending, protecting, and securing the same; and for amending such Parts of the several Acts of Parliament relating to the Trade and Revenues of the said Colonies and Plantations, as direct the Manner of determining and recovering the Penalties and Forfeitures therein mentioned.

그림 1-5 1 페니 인지(one-penny stamp)7

---

6 Printed copy of the Stamp Act of 1765
British Parliment 1765 – Library of Congress, Gwillhickers
https://en.wikipedia.org/wiki/Stamp_Act_1765#/media/File:Parliament_Stamp_Act1765.jpg

7 The 1765 Stamp Act created a direct tax of one penny per sheet on newspapers and required that the newspapers be printed on stamped paper purchased from government agents. The Board of Stamps prepared two hundred copper dies and eight plates of the one-penny stamps. The design consists of a mantle; St. Edward's Crown encircled by the Order of the

하지만 미국 독립의 본질적 이유는 토지에 있다. 토착민 토지를 뺏는 데 영국이 방해가 되기 때문에 독립한 것이다.

미국이 독립할 무렵, 정착민은 동북부 연안과 애팔래치아산맥 사이의 평원에 거주한다. 〈그림 1-6〉에서는 애팔래치아산맥 동쪽의 평원이 Coastal Plain 이라는 이름으로 표기되어 있다.

그림 1-6 애팔래치아산맥8

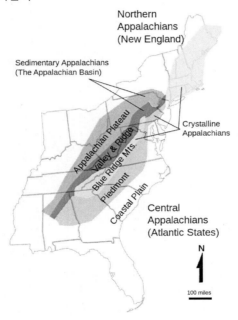

Garter; and a scepter and sword. At top is the word AMERICA; at bottom the denomination ONE PENNY and the number of the individual die. Dark red proof impressions of the plates were made on thick laid paper before production of the stamped paper began. Only thirty-two copies of the original dark-red proof impressions made in 1765 have survived. Twenty-six of these are contained in this partial proof sheet owned by the British Library Philatelic Collections. Five more — three singles and a pair — are in private hands, and the one is in the Smithsonian National Postal Museum's permanent collection.
File: Proof sheet of one penny stamps Stamp Act 1765.jpg   Created: 10 May 1765
https://en.wikipedia.org/wiki/Stamp_Act_1765#/media/File:Proof_sheet_of_one_penny_stamps_Stamp_Act_1765.jpg
8 Description: USGS Appalachian zones in the United States

〈그림 1-7〉은 1775년 미국 식민지 인구밀도를 보여준다.

1 제곱마일(mile²), 즉 가로 1.61 킬로미터(km) 세로 1.61 킬로미터, 인구가 40명을 넘는 곳은 미국 동북부 연안이다. 보스턴에서 워싱턴에 이르는 지역이다.

1783년 독립 이전의 미국은 현재 미국의 아주 작은 일부분에 불과하다는 것을 쉽게 알 수 있다.

그림 1-7 1775년 미국 식민지 인구밀도9

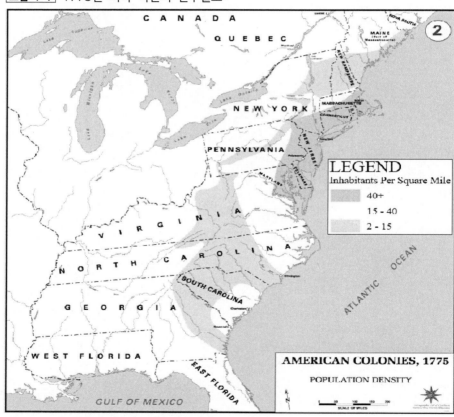

Date: 21 March 2009   Author: USGS, svg version by Jo

Source: http://3dparks.wr.usgs.gov/nyc/images/fig51.jpg, see also http://3dparks.wr.usgs.gov/nyc/common/captions.htm

https://en.wikipedia.org/wiki/Appalachian_Mountains

9 Description: Populations Density in the American Colonies 1775

동북부 연안에 있던 정착민이 서쪽 토착 인디언 토지를 강탈해 가는 과정이 미국 독립이다. 1763년 선언(Royal Proclamation of 1763)에서부터 설명은 시작된다.

영국 국왕 조지 3세는 정착민이 애팔래치아산맥 서쪽으로 진출하는 것을 금지시킨다.

〈그림 1-8〉에는 '1763년 선언선(Proclamation line of 1763)'이 있다. 〈그림 1-8〉은 다른 그림과 연결된다.

〈그림 1-6〉의 애팔래치아산맥과 맥을 같이한다. 〈그림 1-9〉에 나오는 영국 13개 식민지와도 일치한다.

Date: 2010 May 27, 17:16 in UTC Author: History Department, United States Military Academy
https://en.wikipedia.org/wiki/History_of_the_United_States#/media/File:Population_Density_in_the_American_Colonies_1775.gif
http://www.dean.usma.edu/history/web03/atlases/american%20revolution/ARGIFS/PopulationDensity.gif
이 지도에서 40명이 넘는 지역은 Massachusetts 바닷가 일부, Connecticut, New Jersey, Pennsylvania 바닷가 일부, Virginia 동북부 바닷가의 작은 일부를 포함한다.
15에서 40명 거주 지역은 서로 분리된 세 곳이다. 제일 위쪽은 Connecticut 위쪽이다. Pennsylvania, Virginia, North Carolina 동쪽을 걸치는 곳이 중간에 위치한다. North Carolina, Georgia 동쪽 해안이 제일 아래 영역이다.
1 마일은 1.61 킬로미터에 근접한다. 가로 1 마일 그리고 세로 1 마일인 넓이는 제곱킬로미터 기준으로는 거의 2.59이다. 가로 1.61 킬로미터 세로 1.61 킬로미터의 공간을 생각하면 된다.

그림 1-8 1763년 선언선10

Boundary between Mississippi River and
49th parallel uncertain due to misconception that
source of Mississippi River lay further north

1775

10 Description: Eastern North America in 1775: The British Province of Quebec, the British thirteen colonies on the Atlantic coast and the Indian Reserve (as of the Royal Proclamation of 1763). The 1763 "proclamation line" is the border between the red and the pink areas. Modern state boundaries are shown.
Date: 7 January 2009
Author: adapted from a scan from the National Atlas of the United States
Source: Adapted from National Atlas of the United States scan uploaded by Kooma using File: Blank US Map.svg as a template
https://en.wikipedia.org/wiki/Royal_Proclamation_of_1763

그림 1-9 영국 13개 식민지, 영국의 다른 식민지, 주요 도시, 스페인령 루이지애나[11]

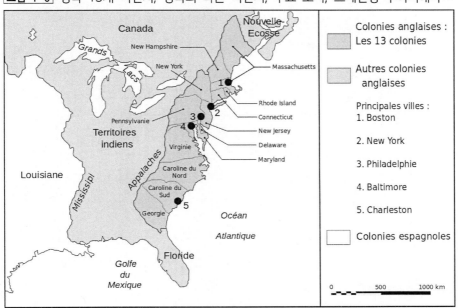

이러한 1763년 선언선에 정착민이 반발한 것이 독립전쟁이다. 영국의 뜻에 반대하는, 서쪽 인디언 땅을 빼앗으려는 미국 정착민의 약탈 전쟁이다.

여기서는 역사책의 한 부분을 인용한다. 저자는 Francis Whitney이며, 미국무부에서 출간했다. 1949년 초판이 나왔고, 여기서는 2004년 한국어판을 인용한다.

인용문에 나오는 '더 많은 자유'는 '땅에 대한 탐욕'을 의미한다고 해석하면 된다.

이 책에서는 땅 이야기를 하고 있다(Whitney, 1949:77－78):

11 Description: Chart of the Thirteen Colonies of North America before U.S. Independence (around 1775). Date: 30 June 2007
Author: Urban
Source: Création personnelle. Image renommée depuis Image:Carte des 13 colonies américaines 4.svg
https://commons.wikimedia.org/wiki/File:Map_Thirteen_Colonies_1775-fr.svg

프랑스 그리고 인디언과의 전쟁 여파로 영국은 제국에 대한 통치를 새롭게 구상할 필요가 있었다. 하지만 미국에서는 이미 변화가 시작되고 있었다. 독립적인 체제에 오랫동안 익숙해져 있던 식민지들은, 프랑스의 위협이 사라진 마당이니 그만큼 **더 많은 자유**를 갈구했다. 영국 의회는 새로운 체제로 식민지 통제를 강화하기 위해서, 자치정부라는 정치 형태에 길들여져 있고 간섭받기를 싫어하는 식민지 사람들과 싸워야 했다.

영국이 첫 번째로 시도한 것은 오지를 조직화하는 것이었다. 영국으로서는 새로 정복한 캐나다와 **오하이오 계곡**(Ohio Valley, Ohio River Valley)에 이미 살고 있던 프랑스인과 인디언 거주자들을 고립시키는 정책을 펼칠 수 없었다.

하지만 바로 이 지점에서 식민지 사람들과 국왕의 이해가 엇갈렸다. 여러 식민지들은 인구가 급격하게 불어나 더 많은 거주지가 필요했으므로 미시시피강까지 식민지 경계를 확장하게 해달라고 요구했다.

영국정부는 식민지 사람들이 새로운 영토로 급격하게 이주해 들어가면 기존에 살고 있던 인디언들과 전쟁이 일어날 게 뻔하기 때문에 이주를 천천히 점진적으로 진행해야 한다고 믿었다. 이주를 제한하는 건 기존에 살고 있던 이주자들에 대한 국왕의 권위와 통제를 강화하는 길이기도 했다.

1763년의 포고령은 앨러게이니산맥, 플로리다, 미시시피강 그리고 퀘벡 사이의 영토를 토착 인디언이 사용해야 한다고 규정했다. 이렇게 해서 영국은 서부 지역에 대한 13개 식민지의 주장을 일소하며 서부 지역을 향한 그들의 진출과 확장을 가로막으려 했다.

이런 규정이 비록 효과적으로 실시되지는 않았지만, 그럼에도 불구하고 식민지 사람들의 눈에는 영국 왕의 이런 고압적인 태도가 서부 지역으로 이주해서 정착해야만 하는 가장 기본적이고도 절실한 요구를 무시하는 것으로 비쳐졌다.

영국이 역사에서 '착한' 편처럼 보이는 아주 드문 순간이다. 1783년 '파리조약(Treaty of Paris)'으로 13개 식민지는 원하던 땅을 가지게 된다.

〈그림 1-10〉은 서쪽으로의 진출을 잘 보여준다. 서쪽 경계는 미시시피강이다.

그림 1-10 파리조약 이후 미국의 영토[12]

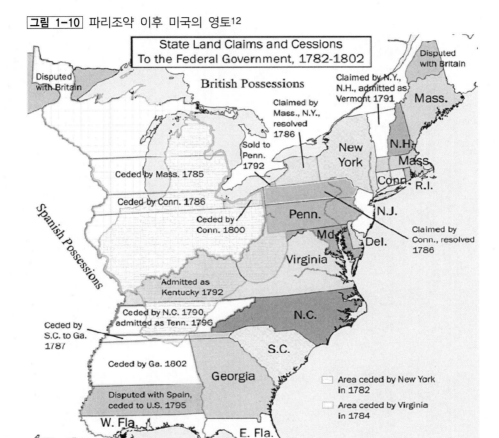

_____

[12] Description: This is a map showing state land claims and cessions from 1782–1802 that I made. The disputed territory between New Hampshire and New York formed, in 1777, the independent country of 'New Connecticut' (later renamed 'Vermont') which eventually gained admission as the 14th state in 1791. Boundary disputes between states that were resolved before U.S. independence are not shown.
Date: between 1782 and 1802
Author: Kmusser   Source: Own work
https://en.wikipedia.org/wiki/Treaty_of_Paris_(1783)

다음으로 넘어가기 이전에 두 강에 대해 알아본다. 앞으로의 진행을 위해 미리 알아두는 것이 필요하다.

두 강을 연결해서 이해하면 더 쉽다. 〈그림 1-11〉은 이를 가능하게 한다. 미시시피강은 〈그림 1-11〉의 상단 중간 'MINN.(미네소타)'에서 시작해서 남쪽 끝 멕시코만으로 흘러간다.

오하이오강은 오른쪽 상단 끝 'PENN(펜실베이니아)'에서 발원해 서쪽으로 내려간다. 'ILL(일리노이)'에서 미시시피강을 만난다.

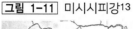 미시시피강13

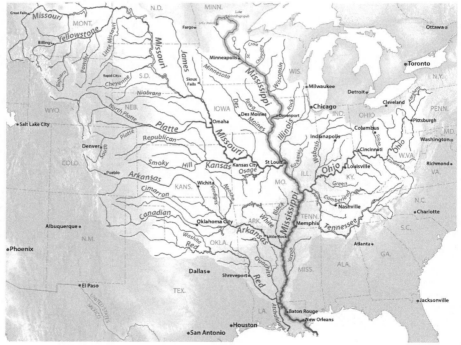

---

13 Description: A more accurate Map of the Mississippi River Basin, intended to replace File:Mississippirivermapnew.jpg. Made using USGS data.
Date: 26 February 2016   Author: Shannon1   Source: Own work
https://en.wikipedia.org/wiki/Mississippi_River

그림 1-12 콜로라도강[14]

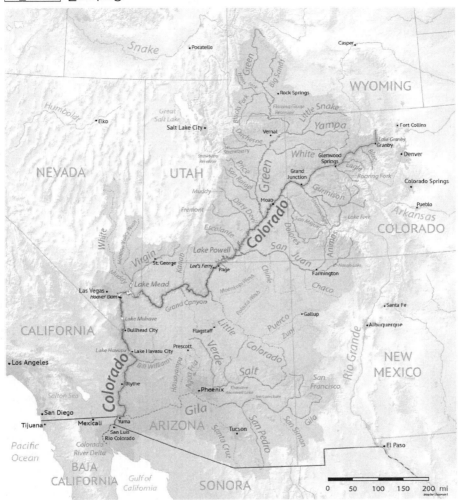

참고로 미국 서쪽에 있는 콜로라도강 지도도 살펴보자. 콜로라도주 로키산맥(Rocky mountain)에서 발원해서 서남쪽으로 흘러 내려간다. 캘리포니아만(Gulf of California)으로 빠진다.

---

14 Map of the Colorado River drainage basin, created using USGS data. Intended to replace older map Date: 26 January 2018 Author: Shannon1
    https://commons.wikimedia.org/wiki/File:Colorado_River_basin_map.png

그랜드 캐니언(Grand Canyon)이라는 골짜기를 품고 지나간다. 도박과 환락의 도시 라스베이가스(Las Vegas) 인근 후버 댐(Hoover dam)을 거쳐 간다. 후버 댐은 1930년대 대공황을 극복하려는 대규모 정부 사업인 뉴딜(New Deal)의 일환으로 건설되었다.

〈그림 1−12〉에서 주의할 점이 있다. 오른쪽 아래에 나오는 리오그란데강 (Rio Grande river)이다.

지도에서 보기보다 긴 강이다. 마찬가지로 콜로라도주 로키산맥에서 발원해서 멕시코만까지 흘러나간다.

미국과 멕시코 두 나라의 국경을 이루는 강이기도 하다.

1.2
새로운 땅과 본격적 비극의 시작

미국 독립으로 확보한 땅은 본격적 비극으로 이어진다. 미국 독립은 그래서 이 책 전체를 관통하는 하나의 실마리이다.

힘이 작은 사람에 대한 괴롭힘이 여러 다른 형태로 전개되는 하나의 계기이기 때문이다. 토착민 제거가 왜 남과 북을 가리지 않고 진행되는지, 남쪽과 북쪽에서 노예제에 대한 태도가 달라지는지를 설명한다.

여기서는 Slave Nation이라는 책에서 나오는 내용을 다룬다. 저자가 요약하자면 이러하다.

백인 정착민에게 독립으로 가지게 된 땅은 남쪽과 북쪽을 가리지 않고 다 토착민으로부터 뺏어야 하는 땅이다. 인용문에는 잘 나오지 않지만, 그러기 위해서는 〈그림 1-8〉과 〈그림 1-9〉에 나오는 땅 전체가 다 필요하다. 'Indian reserve', 'territoires indiens'라고 표기된 영토이다.

노예제에 대한 입장은 다르다. 힘든 개간이 필요한 북쪽에 노예제를 허용하면, 백인 노동력의 시장가치가 떨어진다. 노예제가 금지되는 이유이다

남쪽에서는 담배농사에 노예가 필요하다.

원문을 인용해 본다(Blumrosen et al, 2005:157－158):

1781년 10월 19일 요크타운에서 미국과 프랑스가 영국에 승리를 거둔다. 이는 미국 혁명의 성공을 의미한다. 1783년 파리조약이 체결된다. John Adams, Benjamin Frankin, John Jay가 협상을 맡는다. 미국은 539,746 제곱마일에 해당하는 땅을 차지하게 된다. 식민지 서쪽 미시시피강까지의 영토이다. 플로리다의 일부분, 루이지애나 남쪽, 캐나다는 제외된다 …

서부라는 유혹은 남쪽 정착민이나 북쪽 정착민에게 동일하다. 남쪽과 북쪽 정착민 모두에게 서부라는 유혹은 큰 기회이다. 농토 확장, 국가 채무 변제(시민군과 외국 모두에 대한), 거대한 부를 만들 수 있는 부동산 투기가 이런 기회이다.

노예제라는 하나의 중요한 점에 대해서는 남쪽과 북쪽의 생각이 처음부터 다르다. 남부인은 담배를 만든다. 담배농사는 토양을 몇 년 후에는 다 망치기 때문에 더 많은 땅이 필요하다.

북부인은, 특히나 군대 복무자는, Ohio Country[15] 땅을 원한다. 노예제가 없는 곳이다. 새 땅에 정착하는 일은 고된 노동이 필요하다. 노예제가 있으면 백인 노동의 가치를 반으로 줄여 놓는다.

영국이 설정해 둔 정착 제한이 없어진 1760년대는 투기꾼의 시대이다. 확장된 서부의 여기저기를 팔아먹으면서 엄청난 돈을 만진다.

2장에서는 노예제와 인종차별에 대해 살펴본다. 여기서 언급한 담배농사뿐 아니라 목화 재배를 설명한다. 남북 차이는 기후와 토양과도 분명히 연관이 있다.

3장에서는 땅을 뺏으면서 자연히 진행되는 과정인 토착민 제거를 다룬다. 여기서 다룬 1763년 선언선이 또 다루어진다. 애팔래치아산맥이 왜 중요한지도 언급된다.

15 〈그림 1-13〉 Ohio Country 참조

1.3
George Washington: 땅 도둑 혹은 부동산 투기꾼

비판적 도시 연구자는(Feagin, 1998:141 – 142), 미국 건국을 부동산 투기와 연결시킨다:

> 북미에서 부동산 투기는 오래된 사업이다. 18세기 후반에서부터 시작되기 때문이다.

> 미국의 오래된 부는 토지 거래에서부터 시작된다. 돈도 있고 재주도 있는 이들이 워싱턴에서 샌프란시스코까지 도시를 만들어 나간다.

> 많은 경우, 이는 미래의 성장 유형을 결정짓는다. 이런 이들은 사업을 합법적으로 하기도 하고 불법적으로 하기도 한다. 땅을 사고, 정착민에게 판매를 위한 광고를 하고, 입법기관에 압력을 가하고, 공직자에게 뇌물을 건넨다. 이는 모두 토지를 매개로 한 이윤을 남기기 위해서다.

성장동맹론(growth machine theory)을 주장하는 이는, 미국 도시와 지역이 이루어지는 과정 자체가 부동산 투기라고 한다.

도시는 지도에 선을 긋는 특별한 사람들에 의해 만들어진다. 시카고, 로스앤젤레스, 휴스턴과 같은 곳도 마찬가지이다:

> 이런 재주 좋은 대표적 사례가 시카고의 William Ogden이다. 그가 1835년에 시카고에 왔을 때, 시카고의 인구는 4,000명이 되지 않았다.

> 그는 시장이자, 대규모 철로 개발자, 시카고 최고 부동산 소유주가 되었다. Union Pacific의 설립자이자 초대회장으로서(그는 다른 철로 회사도 가지고 있었다) 다른 사업적 위치와 공공 지위를 활용하여, 그는 시카고를 ("공적의무"로서) 미국의 사통팔달 요지로 만들 수 있었다. 그리하여 시카고는 미국 중서부(Midwest)의 으뜸 도시가 될 수 있었다.

시카고가 사통팔달 요지가 된 것은 중심위치에 있어서 그런 것만은 아니다. 다른 도시들도 중심위치에 있었다. (Ogden이 이끄는) 소수의 사람들이 자신이 원하는 곳에 도로를 놓을 수 있는 힘을 가졌기 때문에 시카고는 사통팔달 요지가 된 것이다. 그는 자신의 부동산 거래 한 건에 대해 솔직히 회상했다: "팔천 달러에 산 부동산을 8년 후에는 삼백만 달러에 팔았습니다"(Boorstin, 1965:117; Logan & Molotch, 105)

로스앤젤레스의 빠른 성장은, 더 서쪽이고 또 더 나중에 일어난, 더 흥미진진한 하나의 사례이다. 중심적 위치, 항구, 교통입지, 심지어는 물 공급과 같은 도시성장을 지원해 줄 "자연적" 요인이 하나도 없는 로스앤젤레스는 예외적 경우이다. 경쟁도시인 샌디에고와 샌프란시스코를 제치고 서부의 으뜸도시로 로스앤젤레스가 올라선 것은, 소위 자연의 한계를 넘어선 인간 교활함의 놀라운 승리라고 할 수 밖에 없다. 서부도시의 발전은 철로개통에 크게 의존하였다(Logan & Molotch, 105-6).

Stanford, Crocker, Huntington, Hopkins와 같은 대단한 부동산 및 상업 거물들에게 철로는 매우 중요하였다. 이 사람들은 남쪽에 자리 잡을 두 번째 대륙 간 철로가 깔리는 것을 두려워하였다. 이 철로의 종착역이 자신들의 투자에 위협이 되지 않을까 해서이다. 천혜의 항구를 가진 샌디에고는 샌프란시스코의 경쟁자가 될 수 있다. 하지만 이러한 장점이 없는 로스앤젤레스는 언제나 음지에 있을 것이다. 그래서 샌프란시스코의 엘리트들은 샌디에고가 남쪽 노선의 종착역이 되지 않도록 그들의 경제적 정치적 힘을 사용하였다. Fogelson(1967:51, 55)이 언급하듯이 "샌디에고 최고의 자산인 만은 실제로 치명적 약점이 되었다" 반대로, 로스엔젤레스의 약점인 "볼품없고 파도로부터 보호받지 못한 항만은 도시의 구세주가 되었다" 물론, 로스앤젤레스가 결국 이겼다. 하지만 여기서 다시 투기꾼들의 잔꾀가 중요해진다. 현재로서는 세계 최대 인공항만과 수자원 공급을 위해, 로스엔젤레스 엘리트들이 수백만 달러의 연방정부 자금을 얻어내는 데 성공한 것이다(Clark, 1983:273, 274; Logan & Molotch, 106).

똑같은 역학이 서남부 다른 큰 항만 형성을 설명한다. 휴스턴에 지역구를 둔 하원의원 Tom Ball이 20세기 초반에 멕시코만으로부터 내륙 휴스턴을 연결하는 운하 건설을 위해 백만 달러의 연방정부 돈을 가져온 때부터 비로소, 휴스턴은 (1979년 전국에서 3위를 차지한) 갤버스턴(Galveston)으로부터 텍사스 최대 항만이라는 자리를 빼앗아 올 수 있었다(Kaplan, 1983:196). 허리케인에 취약한 갤버스턴의 약점을 이용하여, 이 운하건설은 휴스턴이 계속 우위를 누릴 수 있게 해 주었다(Logan & Molotch, 105).

Jacquin(2005:81)의 설명은 철도 건설에 관한 것이다. 이전 인용문보다 더 구체적이고 실감이 난다:

캘리포니아 골드러시 이래로 대륙을 가로지르는 철도의 건설은 절대적인 필요로 떠올랐다. 그러나 막대한 공사 면적, 시공 비용 때문에 철도회사 기업주들은 망설이지 않을 수 없었다. 이때 열정적인 청년 엔지니어들이 모험에 뛰어들기로 결심한다.

그중 첫 번째 인물이 1857년에 '태평양 철도 건설 계획'을 작성한 시오도어 주다였다. 캘리포니아 새크라멘토에서 그는 골드러시로 떼돈을 번 두 명의 철물업자 콜리스 헌팅턴과 마크 홉킨스를 설득하여 투자를 얻어 낸다.

또, 잡화 도매업자 리랜드 스탠퍼드와 의복 상인 찰스 크로커에게도 투자를 받는다. 이들은 1861년에 센트럴 퍼시픽 레일로드 컴퍼니를 창립했다.

'네 거물(big four)'로 불리던 네 명의 투자자는 의회를 공략했다. 헌팅턴에 따르면 이들은 '양심적으로 거리낄 것 없는 방법으로 상원의원들을 매수했다'고 한다. 그 사이에 또 다른 엔지니어 그렌빌 다지가 토머스 뒤런트라는 부유한 상인과 손을 잡고 유니언 퍼시픽이라는 회사를 세웠다. 이 회사 역시 적극적인 로비 활동에 뛰어들었다.

이 '철도 마피아'들은 이듬해에 그들이 원하던 것을 얻는다. 철도 건설에 필요한 부지를 얻었을 뿐 아니라 부동산 투기에 딱 좋은 사방 16 킬로미터 지대까지 얻었던 것이다. 게다가 의회는 철로가 1 마일(mile) 놓일 때마다 평원지대의 경우는 1만 6천 달러, 로키산맥의 경우는 4만 8천 달러를 대여해 주기로 했다.

이리하여 센트럴 퍼시픽은 새크라멘토에서 시작하여 유타에 이르는 철로를, 유니언 퍼시픽은 오마하에서 미주리강을 따라 서부로 향하는 철로를 놓게 된다.

하지만 투기라는 표현 하나만으로는 미국 건국이라는 현실을 있는 그대로 보여주지 못한다.

앞선 저자가 자세히 설명하였듯이, 미국 독립은 단순한 땅 투기만이 아니다. 미얀마 로힝야 인종청소와 동일한 성격의 땅 약탈의 성격도 가지고 있다. 여기서 뺏긴 사람은 우리가 흔히 '인디언'이라고 비하해 부르는 토착민이다.

이러한 파괴적 성격의 부동산 투자를 좀 더 살펴보자. 미국 초대 대통령을 다룬다. 앞선 절과 연결되는 셈이다.

George Washington은 땅 도둑이다. 미국 건국은 앞서 얘기한 대로 토착민 토지를 잔인하게 빼앗아 가는 과정이다.

도둑질 이야기가 시작되는 곳은 앞서 언급한 오하이오 계곡이다. 정확하게 말하자면, 당시에 Ohio Country라고 불리는 곳이다. 현재 오하이오주와 거의 일치한다. 이곳에 살고 있는 토착민에 대해서는 3장에서 자세히 다룬다.

〈그림 1-13〉에 나오는 Ohio Country는 〈그림 1-11〉에 나오는 '오하이오 계곡(Ohio Valley)'의 일부분이다.

'오하이오 회사(Ohio Company)'라는 토지 강탈을 목적으로 하는 조직에 미국 초대 대통령은 연루되어 있다. Ohio Country 토지를 영국정부로부터 받아 정착민에게 넘기는 사업을 맡은 부동산 회사이다.16

---

16 In 1716, Lieutenant Governor Alexander Spotswood led an expedition of men whom he called the "Knights of the Golden Horseshoe" across the Blue Ridge Mountains into the Shenandoah Valley, claiming the land for Great Britain. Spotswood believed that settlement of the valley would secure the colony from both Indian attacks and incursions by the French, who had settlements and garrisons along the Ohio and Mississippi Rivers stretching from Canada to Louisiana. Proprietors of western lands also wanted to create a buffer between

그림 1-13 Ohio Country[17]

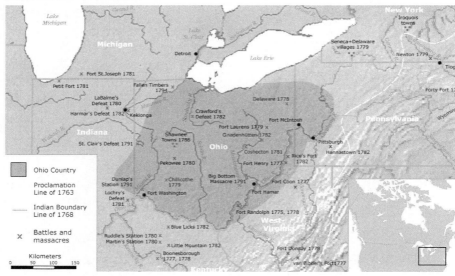

eastern plantations and runaway slaves whom they feared would form separate communities in the mountains. Colonial officials began issuing land grants to encourage migration to the Virginia backcountry. Most recipients were former German and Scots-Irish servants from Pennsylvania. As the population in the Shenandoah Valley grew, farmers continued to move farther southwest toward the New River Valley.

Gentry planters in eastern Virginia took an interest in western lands as well. A young George Washington began a career as a land surveyor in 1749 after accompanying a surveying trip to the western frontier. By 1752, Washington had completed nearly two hundred surveys. His success as a land speculator grew out of his early career as a surveyor.

Speculation of western lands was a common source of wealth for elites. The boundaries of Virginia as defined by the colonial charter extended beyond the Shenandoah Valley and north of the Ohio River. Planters in eastern Virginia formed the Ohio Company and were authorized by the Board of Trade in London to take control hundreds of thousands of acres in the Ohio Valley. In response, the French erected new forts to claim the same land as their own. (Virginia Museum of History & Culture, 2019, https://www.virginiahistory.org/collections-and-resources/virginia-history-explorer/george-washington-land-surveyor)

17 Map of the Ohio Country   Date: 10 September 2007   Author: Nikater
Source: Own work by Nikater, submitted to the public domain. Background map courtesy of Demis, www.demis.nl and Wilcomb E. Washburn (Hrsg.) Handbook of North American Indians. Vol. 4: History of Indian-White Relations. Smithsonian Institution Press, Washington D.C. 1988. ISBN 0-16004-583-5
https://commons.wikimedia.org/wiki/File:Ohio_Country_de.png

문제는 이미 이 땅을 프랑스가 관리하고 있다는 것이다. 프랑스인은 이곳에 요새를 짓고 인디언 부족과 모피 교역을 하고 있었다.

땅을 차지하기 위해서는, 프랑스인과 인디언을 몰아내야 했다. 1754년 5월 28일 기습공격을 통해 프랑스 병사를 살해한 사람이 바로 '조지 워싱턴(Goerge Washington)'이다.

'주먼빌 글렌 전투(Battle of Jumonville Glen)' 또는 '주먼빌 사건(Jumonville affair)'이라고 불린다.

앞서 언급한 Ohio Country에 해당하는 곳이다. 〈그림 1-13〉을 살펴보면 위치를 확인할 수 있다.

한국 상황으로 보면, 재개발 현장 용역 깡패의 폭력행위라고 할 수 있다.

이 사건은 프랑스를 격분하게 만들었고, 영국과 프랑스 간의 '프랑스-인디언 전쟁(French-Indian War)'으로 이어진다.

〈그림 1-14〉는 사건 발생지를 보여준다. 펜실베이니아 피츠버그 인근이다.

〈그림 1-13〉의 Ohio Country로 막 진입하는 지점에 위치한다.

그림 1-14 '주먼빌 글렌 전투(Battle of Jumonville Glen)' 발생 지점

이제는 부동산 투기꾼으로서의 George Washington을 찾아보자. 그의 원래 직업은 측량사이다. 17세의 나이에 일을 시작한다.

그의 부동산 취득은 측량과 관련이 많다. 10대 측량사로서의 보수로 첫 번째 부동산을 취득하게 된다.

이후 그는 자신이 직접 측량하거나 측량을 하도록 지시한 부동산을 결국 많이 취득하게 된다.

현재 웨스트버지니아에 해당하는 토지 상당 부분이 한때 그가 소유한 토지이다(Maxwell, 2013). 〈그림 1−16〉에서 오른쪽 화살표가 가르치는 곳이 그의 저택 Mount Vernon이 있는 곳이다. 서쪽으로의 진출이라는 욕망이 실현된 것을 알 수 있다. 〈그림 1−17〉은 Mount Vernon의 사진이다.

조지 워싱턴의 땅은 웨스트버지니아에만 한정되지 않는다. 52,000 에이커(acre) 부동산을 사망 당시 소유했다. 북쪽으로는 뉴욕에서, 펜실베이니아와 메릴랜드를 거쳐 남쪽으로는 버지니아까지 이른다. 서쪽으로는 켄터키와 오하이오 계곡까지 뻗어 있다. 81 제곱마일이 넘는 땅이다(Gardner, 2013).

그림 1−15 젊은 측량사 조지 워싱턴18

18 "A youthful George Washington surveying at Pope's Creek, Virginia."
   File: Young George Washington.jpg Created: 1 January 1956

그림 1-16 웨스트버지니아[19]

52,000 에이커 넓이를 생각해 보자. 여기서 1,000 에이커 넓이로 시작한다. 1,000 에이커는 4.046856 제곱킬로미터(km²)이다. 세로 2 킬로미터, 가로 2 킬로미터 정사각형 정도이다. 1,000 에이커는 120만 평 정도이다. 정확하게는 1,224,174 평이다.

52,000 에이커는 6천 4백만 평 정도이다.

52,000 에이커 = 210 제곱킬로미터 = 가로 세로 14.5 킬로미터
52,000 에이커 = 63,657,051 평

National Park Service Historical Handbook Series No. 26, frontispiece.
https://en.wikipedia.org/wiki/Surveying_in_early_America
19 오른쪽 아래 화살표가 가리키는 곳이 그의 저택 Mount Vernon이 있는 곳이다.

포토맥강에서 바라본 조지 워싱턴 저택20

프랑스와의 전투에 대한 보상으로 받은 그의 땅 규모도 엄청나다. 〈그림 1-18〉과 〈그림 1-19〉는 보상토지 측량 결과를 보여준다. 웨스트버지니아 '캐너와강(Kanawha river)' 근처이다.

천국 같은 곳, '웨스트버지니아(Almost Heaven, West Virginia)'를 차지한 것이다. John Denver가 노래한 'Take me home, country road' 표현에 따르면 그러하다.

---

20 Description: Mount Vernon seen from the Potomac River.
   Date: 16 March 2008, 13:47
   Author: baldeaglebluff from Bald Eagle Bluff, USA
   https://en.wikipedia.org/wiki/Mount_Vernon

그림 1-18 조지 워싱턴 땅 측량 서류의 설명 부분[21]

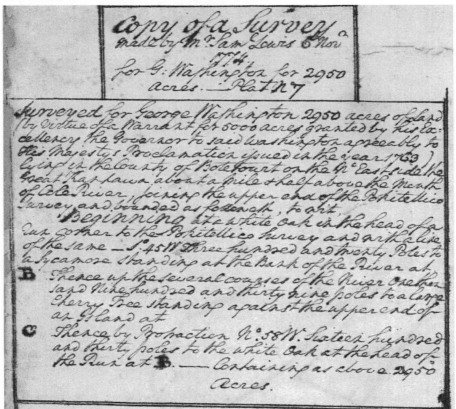

21 Eight survey tracts along the Kanawha River, W.Va. showing land granted to George
   Washington and others. Created/Published: 1774?
   Medium: map 166 × 75 cm. on 3 sheets 131 × 60 cm. or smaller.
   Location G3892.K3G46 1774 .W3 Repository Library of Congress Geography and Map
   Division Washington, D.C. 20540-4650 USA dcu
   2,950 에이커에 해당하는 캐너와강 인근의 땅을 조지 워싱턴을 위해 측량했다는 내용. 아래에
   는 기준 지점에 대한 설명이 있음. 예를 들어 B 지점에는 하얀 참나무가 있다는 식.
   1,000 에이커는 4.046856 제곱킬로미터이다. 세로 2 킬로미터, 가로 2 킬로미터 땅인 셈이다.
   1,000 에이커는 1,224,174 평이다.
   https://www.loc.gov/resource/

그림 1-19 조지 워싱턴 땅 측량 서류의 그림 부분22

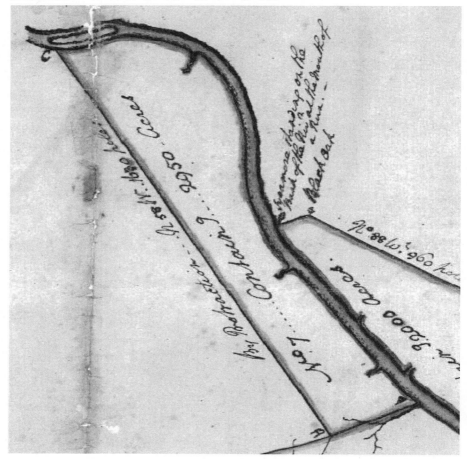

초대 대통령의 토지 관련 일 처리 능력은 탁월하다. 1791년 수도 건설지가 포토맥 강변으로 결정된다.

예정지에는 17개의 큰 농지가 있는데, 땅 매입이 소유주 반대로 쉽지 않았다.

소유주를 모두 모아서, 그는 합의에 이른다. 그가 내놓은 제안은 다음과 같다(Deusker, 2013):

―――――――――

22 출처는 〈그림 1-18〉과 마찬가지. 왼쪽의 구획이 2,950 에이커의 조지 워싱턴 땅으로 보임.

1. 땅 한 덩어리(6,000 에이커, 24 평방킬로미터(sq. km))로 만든다.
2. 도로, 광장, 개발예정지 등으로 설계된다.
3. '관공서와 광장(540 에이커, 2.2 평방킬로미터)'만 면적당 고정 금액으로 보상한다.
4. 도로(3606 에이커, 15 평방킬로미터)는 보상하지 않는다.
5. 땅은 20,272 필지로 나눈다.
6. 이 중 절반은 정부가 가져가고, 나머지 절반은 원주인에게 돌려준다.

합의가 이루어지는 데에는 이유가 있다. 땅 주인이 절반 이상의 땅을 잃고, 보상금도 많지 않지만, 돌려 받는 필지의 값은 아주 비싸지기 때문이다. 도로, 공원, 건물 사이에 있는 여러 필지를 가지게 되는 셈이다.

〈그림 1-20〉과 〈그림 1-21〉은 설계와 현재를 보여준다.

그림 1-20 워싱턴시 계획도[23]

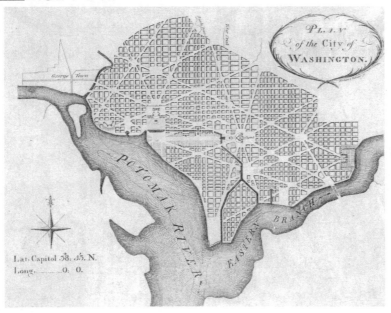

23 Title: Plan of the city of Washington
    Contributor Names: L'Enfant, Pierre Charles, 1754-1825. Thackara & Vallance.

그림 1-21 워싱턴시 구글 위성사진

여기서 '예상 가능한 반전'이 나온다. 조지 워싱턴 자신이 자신의 이름을 딴 이 도시에 부동산 투자를 한다(Feajin, 1998:142):

독립전쟁(The American Revolutionary War, 1775~1783)이 끝나자 새 나라 의 수도로서 여러 도시가 물망에 올랐다. 보스턴과 요크타운이 대표적 예이다. 정치적 싸움 끝에, 버지니아 근처에 수도를 세우려는 토마스 제퍼슨(Thomas Jefferson, 1743~1826)이 승리하게 된다.

조지 워싱턴은 랑팡(Pierre-Charles L'Enfant)24에게 포토맥강 근처 큰 땅

24 1754-1825. 출생: 프랑스 파리 사망: 미국 메릴랜드 프린스조지스
프랑스 태생 미국의 공학자·건축가·도시설계가. 미국 수도인 워싱턴 D. C.의 기초도면을 설계했다.

을 살펴보라고 지시한다.

그 땅은 당시에 부동산 투기꾼이 소유하고 있었다. 당시 미국 정부는 돈이 없었기 때문에, 이러한 사정에 맞는 거래가 성립되었다. 측량된 땅 상당한 부분이 투기꾼 소유에 남게 된다. 또 일부는 경매로 팔리게 된다. 1791년 조지타운 한 술집에서 워싱턴과 제퍼슨이 경매를 주관한다. 하지만 황량한 땅을 사러온 사람은 별로 없었다.

워싱턴은 투기 목적으로 꽤나 많은 땅을 구매한다. 미국과 유럽의 투자가에게 새로운 수도에 투자하기를 워싱턴이 권한 것은 자신의 이익과 관련이 있기 때문이다.

1.4
〈1장 내용 관련해서 더 알아보기〉
'프랑스-인디언 전쟁' 혹은 '7년 전쟁'

조지 워싱턴 평생의 일관된 목적은 땅이다. '오하이오 계곡' 일부분인 'Ohio Country'는 그가 알짜배기로 생각한 곳이다.

그는 땅을 얻기 위해 가능한 모든 수단을 동원한다. 전쟁이라는 이름의 폭력도 포함된다.

부동산 취득을 위해서, 워싱턴은 두 개의 전쟁을 수행한다. 첫 번째 상대는 프랑스이다. 두 번째 상대는 영국이다.

첫 번째 전쟁은 '프랑스-인디언 전쟁(French-Indian War)'으로 불린다.

다시 말하지만, 조지 워싱턴의 무모한 공격이 이 전쟁의 시발점이다. 1754년 '주먼빌 글렌 전투(Battle of Jumonville Glen)'이다.

1.4.1 제국주의 세계전쟁으로서 '7년 전쟁'

조지 워싱턴이 일으킨 '프랑스-인디언 전쟁(French-Indian War)'은 '7년 전쟁(Seven Years' War)'의 일부분이다.

시기는 조금 어긋난다. 아래에 적은 것과 같이, 프랑스－인디언 전쟁이
2년 먼저 시작된다.

프랑스–인디언 전쟁   1754~1763
7년 전쟁   1756~1763

7년 전쟁은 제국주의 세계전쟁이다. 미국에서의 세력변화를 보여주는 지
도만 보아도 쉽게 이해된다.

〈그림 1－22〉를 보자. 전쟁이 시작하는 1754년과 끝나는 1763년에는 제
국주의 판도가 달라진다.

프랑스, 영국, 스페인이라는 세 개의 세력이 두 개로 정리된다. 프랑스가
실질적으로 사라진다.

남은 것은 2강 세력이다. 영국과 스페인이다.

프랑스를 나타내는 어두운 색은 대륙에서 사라진다. 스페인을 표시하는
사선과 영국을 나타내는 점으로 가득찬다.

프랑스는 카리브 섬 일부만을 유지한다. 대표적인 곳이 '생도맹그(Sainte-
Domingque)'이다. 노예 노동 기반 설탕 생산지이다.

〈그림 1－22〉의 오른쪽 밑 부분은 왼쪽과 오른쪽이 동일한 것을 알 수
있다.

현재 아이티 공화국에 해당한다.

7년 전쟁을 통해서 전 세계적으로 식민지를 두고 경쟁하던 영국과 프랑스
가 맞붙는다.

결과는 영국의 승리이며, 이는 시간대별 영국 제국의 지도를 보면 분명하
다. 이 패배로 인해, 프랑스는 북미뿐 아니라 인도에서도 영향력을 상실한다.

그림 1-22 7년 전쟁 전후 북미 제국주의 세력 변화[25]

그림 1-23 1713년 영국 제국[26]

25 Map of North America, depicting European claims of North America before and after the
    Seven Years' War. Image credit: College Board
    https://www.khanacademy.org/humanities/us-history/road-to-revolution/the-american-revolution/
    a/seven-years-war-lesson-summary 접근일: 2019/12/15
26 http://users.clas.ufl.edu/harlandj/maps_main.html
    Department of History, University of Florida, Gainesville

그림 1-24 1763년 7년 전쟁 종결 후 영국 제국[27]

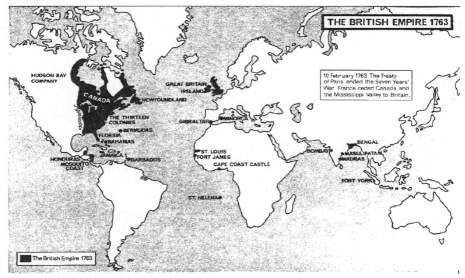

그림 1-25 1850년 영국 제국[28]

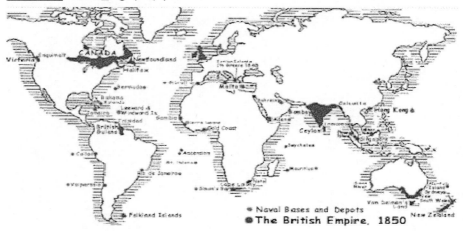

---

27 http://users.clas.ufl.edu/harlandj/maps_main.html
   Department of History, University of Florida, Gainesville
28 지명 왼쪽, 오른쪽 모두 점이 찍힌 곳이 영국의 영토이자 해군기지이다. 예를 들면, 왼쪽부터
   Bermuda, Gibraltar, Malta, Aden, Hong Kong과 같은 식이다.
   http://users.clas.ufl.edu/harlandj/maps_main.html
   Department of History, University of Florida, Gainesville

1.4.2 프리드리히 2세 그리고 마리아 테레지아

7년 전쟁은 두 명의 인물 대결로 볼 수도 있다. 프러시아 프리드리히 2세 그리고 오스트리아 마리아 테레지아이다.

그림 1-26 프리드리히 2세[29]

그림 1-27 마리아 테레지아[30]

두 인물이 하나의 영토를 두고 벌인 이전 싸움의 연장선이기도 하다. '슐레지엔(Silesia, Schulesien)'이 그 땅이다.

'오스트리아 왕위계승전쟁(1740~1748)'이 있고, 이어서 '7년 전쟁(1756~ 1763)'

이 일어난다.

〈그림 1-28〉은 이렇게 전편에 해당하는 오스트리아 왕위계승전쟁을 보여준다.

Silesia로 표시된 곳이 오스트리아로부터 프러시아가 빼앗은 땅인데, 슐레지엔에 해당한다.

굵은 선이 신성로마제국 영토이며, 사선으로 표시된 곳이 주요 전투지이다.

그림 1-28 오스트리아 왕위계승전쟁31

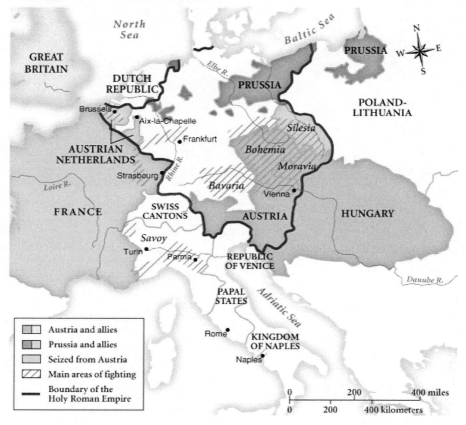

31 http://users.clas.ufl.edu/harlandj/maps_main.html
Department of History, University of Florida, Gainesville

프러시아 연합군은 '프랑스(France)'와 '프러시아(Prussia)'로 표기된다.

오스트리아 연합군은 오스트리아, 헝가리, 영국 그리고 '오스트리아령 네덜란드(Austrian Netherlands)'이다.

오스트리아령 네덜란드는 지도에서 '브뤼셀(Brussels)'과 '엑스라샤펠(Aix-la-Chapelle)'이 포함된 두 곳이다.

두 인물 대결로 볼 수 있는 이유는 두 인물이 가져온 극적 변화 때문이기도 하다. 유럽의 세력 균형에 대전환이 이루어진다.

7년 전쟁은 '외교 혁명(Diplotmatic Revolution)'의 도래와 함께 일어나기 때문이다. 이 변화를 주도한 사람이 오스트리아 마리아 테레지아이다.

오랫동안 사이가 나빴던 프랑스와 오스트리아는 서로 손을 잡는다.

전쟁 후에도 프랑스와 오스트리아 관계는 이어진다. 마리아 테레지아의 딸 마리 앙투아네트는 프랑스로 시집을 간다.

1770년 프랑스 왕태자 루이와 결혼식을 올린다.

그림 1-29 외교혁명32

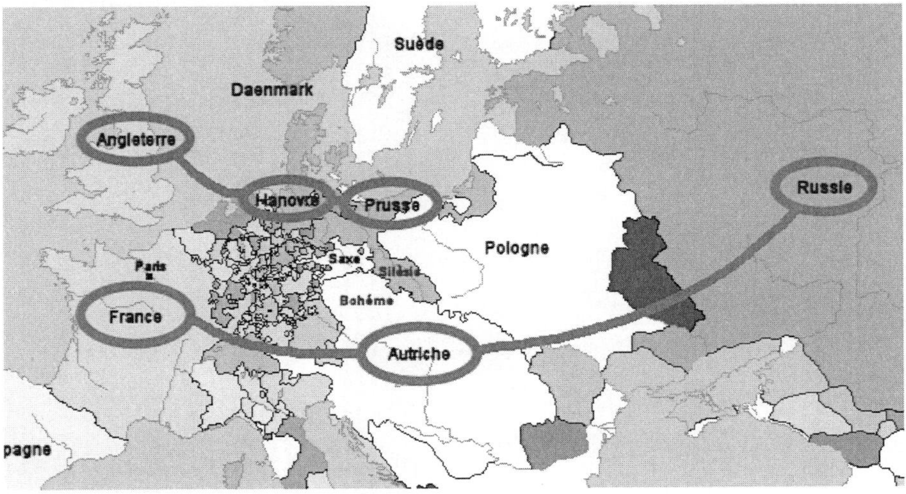

---

32 The alliances formed as a result of the Diplomatic Revolution.
    https://commons.wikimedia.org/wiki/File:Carte_Guerre_de_Sept_Ans_Europe.PNG

1.4.3 '사선 공격'과 프리드리히 2세

만에 하나 생각이라는 것을 할 줄 안다면, 대열을 지킬 병사는 없을 것이다.

- 프레드리히
- 출처: Black(2009:167)

'사선 공격(斜線 攻擊, oblique attack)'은 '프리드리히 2세(1712~1786)'의 대표적인 싸움 방법이다. 프리드리히 2세는 '프리드리히 대왕(Frederick the Great)'이라고도 불린다.

먼저 당시 전쟁터를 먼저 이해해 보자. Jones(2012:160)에서 당시 병사를 '군복입은 군대(uniformed armies)'로 표현한다:

스페인 왕위 계승 전쟁(1701~1714), 오스트리아 왕위 계승 전쟁(1740~1748), 7년 전쟁(1756~1763), 미국 독립 전쟁(1775~1783)을 치른 군대는 군복 입은 공식적 계급 서열을 갖춘 정규병이다.

깃발, 군복 그리고 각종 상징은 충성심을 강조한다. 기병이 중요한 역할을 맡는다. '경기병(light horseman)'은 연락 업무와 기습을 맡았다. '중기병(heavy cavalry)'은 전투에서 '사브르(sabre)'를 뽑아 들고 돌진한다. 전쟁터에서 대포는 점점 더 많이 사용된다. 하지만 '전장식 활강 대포(前裝式 滑降 大砲, muzzle-loading smoothbore cannon)'는 아직 도움을 주는 정도이다.

따라서 승부는 보병에서 결정이 난다. 18세기 초반 정도부터, 유럽 보병은 '부싯돌 격발총(flint-lock musket)'과 그 총 앞에 꽂는 '총검(bayonet)'으로 무장한다 … 사회의 제일 밑바닥에서 이 병사는 충원되고, 끔찍한 군기를 견뎌야 한다. 토를 달지 않고 명령을 수행하도록 끊임없이 훈련받는다. 기계가 움직이는 듯한 정확성을 가지고 열을 유지하고 이동한다.

전투에서는 최대한 화력을 끌어올리려고 긴 줄로 늘어선다. 보호 장구가 없기 때문에, 적군의 총과 대포 공격에 촘촘한 대형을 유지하며 그냥 걸어간다.

인용문에 나오는 순서대로 몇 가지 무기를 다시 살펴보자. 〈그림 1-30〉
은 '사브르(sabre)'이다. 기다란 한쪽에만 날이 선 칼이다. 주로 절단용으로 사
용되며, 기병이 사용하는 경우가 많다.

그림 1-30 사브르33

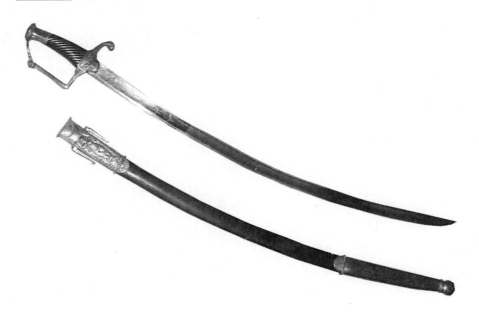

'전장식 활강 대포(前裝式 滑降 大砲, muzzle-loading smoothbore cannon)'는 포
탄을 앞쪽으로 넣는다. 'muzzle'은 주둥이를 의미한다.

그리고 포신내에 나선형 홈인 강선이 없다. 'bore'는 구멍을 의미한다.

〈그림 1-31〉을 보면 이해할 수 있다.

---

33 https://commons.wikimedia.org/wiki/File:MuseeMarine-sabreOfficer-p1000451.jpg

그림 1-31 전형적 19세기 전장식 활강포 단면도[34]

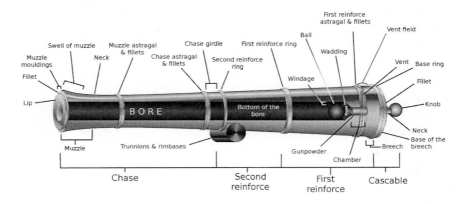

'부싯돌 격발총(flint-lock musket)'은 '부싯돌(flint)'로 발사되는 총이다. 위키피디아에 나오는 발사 순서는 다음과 같다.

1. 이전에 발사하여 화약 찌꺼기가 남아 있을 총구를 청소한다.
2. 화약접시에 화약을 약간 부어 주고 뚜껑을 닫은 후 콕(cock)을 발사 위치로 당겨 준다.
3. 페이퍼 카트리지(종이탄피)를 찢어 총구에 화약을 넣는다.
4. 납으로 된 둥근 총알을 넣는다.
5. 탄약을 싸고 있던 포장지를 넣는다(발사 시 총알이 빠져나오지 않도록).
6. 꽂을대로 총구에 넣은 화약과 총알을 잘 다져 준다.
7. 명령과 함께 조준한다.
8. 발사한다.
9. 발사 후 총구 안을 깨끗이 털어 낸다.
10. 1번으로 돌아가 장전하고 발사한다.

부싯돌 격발총 원리를 잘 이해하도록, 〈그림 1-32〉부터 〈그림 1-34〉까

---

34 Side elevation of a typical 19th-century cannon
Date: 14 March 2014   Cannon-diagram.jpg Author: KDS444
https://commons.wikimedia.org/wiki/File:Cannon-diagram2.svgKDS444

지를 제시한다. 〈그림 1-32〉에서는 위쪽에 '나사(Jaw Screw)'로 부싯돌이 조여
서 고정된 것을 볼 수 있다.

| 그림 1-32 | 부싯돌 격발총[35]

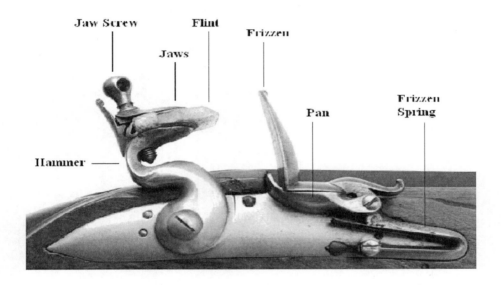

| 그림 1-33 | 부싯돌 격발 첫 번째 장면[36] | 그림 1-34 | 부싯돌 격발 두 번째 장면[37]

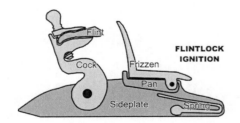 

35 Flintlock Mechanism   Date: 19 February 2009 (original upload date)
    Author: Engineer comp geek at English Wikipedia
    Source: Transferred from en.wikipedia to Commons by Themightyquill using CommonsHelper.
36 Animation of flintlock firing   Date: 6 November 2012 Author BBODO
    https://commons.wikimedia.org/wiki/File:Flintlock_ignition_animation.gif
37 Animation of flintlock firing   Date: 6 November 2012 Author BBODO
    https://commons.wikimedia.org/wiki/File:Flintlock_ignition_animation.gif

　　〈그림 1-35〉에서는 부싯돌 격발총 앞에 꽂아 돌진하는 '총검(bayonet)'을
볼 수 있다.

그림 1-35 부싯돌 격발총과 '총검(bayonet)'[38]

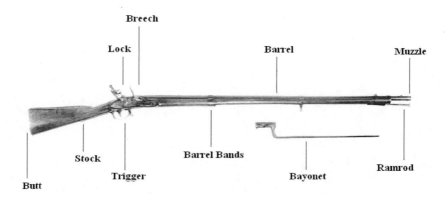

　　이러한 전쟁터에서는 서로 한 줄로 늘어서서 총을 쏘다 돌진하는 형태의
전쟁이 일어나기 쉽다. 양쪽에 엄청난 사상자를 남기는 소모전이 되기 쉽다.
　　프리드리히는 놀라운 전술로 이러한 상황을 타개한다. 그것도 적보다 훨
씬 적은 수의 군대로 승리한다.
　　1757년 '로이텐 전투(Battle of Leuten)'로 그는 주인공이 된다. '7년 전쟁'뿐
아니라 세계 전쟁사 전체에서도 유명한 사례이다.
　　'사선 공격(斜線 攻擊, oblique attack)'으로 불리는 전술이다. 일종의 측면공
격이다.
　　다른 쪽을 공격할 것처럼 위장하는 기만과 은밀하고 신속한 군대 기동으
로, 밀어붙인다.

38　Parts of a Musket. This happens to be a Springfield Model 1822 flintlock musket.
　　Date : 19 February 2009 (original upload date)　Author : Engineer comp geek
　　Source : Transferred from en.wikipedia.

〈그림 1-36〉에서는 부대를 남쪽 끝으로 이동시키고 적의 측면을 남에서 북으로 공격해 들어간다.

참고로 그림에서 점선은 이동을 의미한다. 직사각형 안에 사선이 있는 모양은 기병대이다.

이후부터는 대형의 왼쪽에서 예상치 않은 프러시아 군을 맞이한 오스트리아 군의 일방적 패배로 전투가 끝이 난다.

그림 1-36 로이텐 전투39

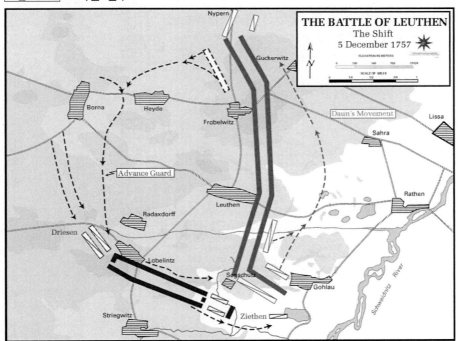

------

39 While Charles sent most of his reserve north (red dotted lines) to protect his flank from the Prussian advance Frederick maneuvered his troops past the Austrians and surprised them on their left flank.
Description: Battle of Leuthen, the Shift 5 December 1757
The Department of History, United States Military Academy

이 전술은 일종의 속임수이다. 하지만 실행시키기 어려운 수이기도 하다.

기본적인 형태는 〈그림 1−37〉과 같다. 'oblique order'과 'oblique attack'은 같은 표현이다.

부대가 진격해나가면서 끝 한쪽 강한 병력이 먼저 나가면서 전체적으로는 부대가 비스듬한 선 형태를 가지게 된다.

사선 공격이라는 이름이 붙는 이유가 여기에 있다.

그림 1−37 사선 공격[40]

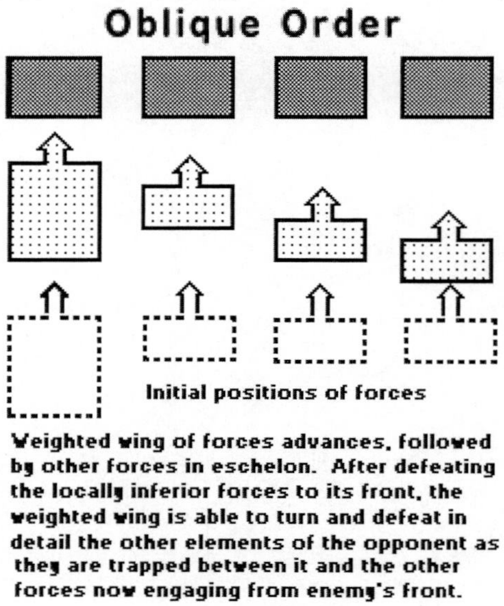

물론 사선공격이 프리드리히가 처음으로 고안한 것은 아니다. B.C. 371년 '레우크트라 전투(Battle of Leuctra)'에서 테베가 스파르타를 이긴 것도 이러한 방식이다. 당시 테베를 이끄는 이는 '펠로피다스(Pelopidas)'이다.

사선공격이 속임수인 이유가 있다. 적이 보기에는 대부분의 적이 싸우기를 주저하고 한쪽 일부만 먼저 공격해 오는 것으로 보인다.

---

40 https://www.wpclipart.com/world_history/warfare/battles/oblique_attack.png.html

　　한데 실제로는 그냥 먼저 오는 일부가 아니다. 제일 모서리를 먼저 공격
한 부대가 가장 강력한 부대이다.

　　〈그림 1-38〉에서 오른쪽 아래 부대가 가장 두꺼운 모양을 가지고 있는
것을 알 수 있다.

　　일단 제일 대형의 모서리가 무너지면, 공포가 지배한다. 나머지가 전진해
약한 적을 무너뜨리는 합리적이고 용기 있는 판단이 나지 않는다. 가장자리를
무너뜨린 적이 나의 측면을 포위해 들어올 것 같은 두려움에 싸여 물러서게 된
다. 그러면 공포가 현실이 되는 것이다.

그림 1-38 레우크트라 전투41

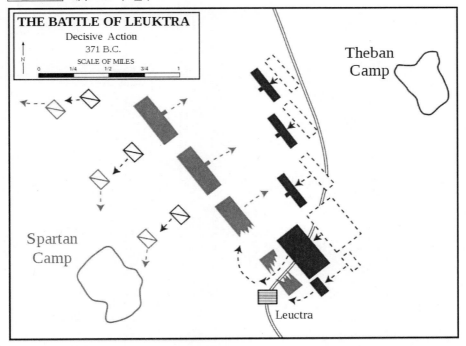

41　Battle_of_Leuctra,_371_BC_-_Decisive_action.gif
　　https://commons.wikimedia.org/wiki/File:Battle_of_Leuctra,_371_BC_-_Decisive_action.svg

〈그림 1-39〉와 〈그림 1-40〉 그리고 다음의 글은 사선공격이 당시에 어떻게 이루어지는지 보여준다(맥세계사편찬위원회, 2014:375~6):

당시 한 나라의 군사력은 중장보병의 수가 결정했는데, 스파르타의 중장보병은 테베의 거의 두 배였다. 에파미논다스도 테베의 군사력이 스파르타에 훨씬 뒤떨어진다는 것을 알고 있었다 …

당시 그리스의 전통적인 전투 방식은 중장보병 여덟 명 혹은 열두 명이 나란히 여러 줄로 서서 사각형을 만들고 경장보병과 기마병이 사각형의 약점을 보완하는 형태였다. 이런 형태로 적을 향해 진격해서 방패로 몸을 막은 채로 적이 도망갈 때까지 밀어붙였다.

그런데 이 형태는 진격하다 보면 언제나 오른쪽이 왼쪽보다 먼저 가게 되었다. 그리고 병사들은 오른손으로 창을 들고 왼손으로 방패를 들기 때문에 가장 오른쪽에 있는 병사들은 몸이 그대로 노출된다. 그래서 일반적으로 가장 오른쪽에는 최정예 군사들이 섰다. 스파르타는 레우크트라 전투에서도 이 형태를 고수했다.

그러나 에파미논다스는 새로운 형태를 개발했다. 그는 위에서 말한 사각형의 형태를 만든 다음 최정예 군사 오십 줄을 세워42 사각형의 왼쪽에 배치했다 … 출발하기 전에 왼쪽을 앞으로 하고 오른쪽을 뒤로 해서 비스듬하게 세웠다. 그래서 이 전술은 '사선 진법(斜線陳法)'으로 불린다.

스파르타는 당연히 테베군의 오른쪽이 최정예 군사라고 생각했기 때문에 왼쪽을 향해 전진한다. 이때 테베의 왼쪽에 서 있던 최정예 군사 오십 줄은43 스파르타의 최정예 군사 열두 줄을44 물리쳤다. 전투가 시작되자마자 최정예 군사 열두 줄을 모두 잃은 스파르타는 대패했다.

---

42 원문에서는 "오십 명을 세로로 세워"라고 되어 있다. "오십 줄을 세워"라고 저자가 바꾼다.
43 원문에서는 "오십 명은"이라고 되어 있다. "오십 줄은"으로 저자가 바꾼다.
44 원문에서는 "열두 명을"이라고 되어 있다. "열두 줄을"로 저자가 바꾼다.

그림 1-39 그리스 '중장보병(重裝步兵, hoplite)'[45]

그림 1-40 그리스 중장보병 '방진(方陣, phalanx)'[46]

---

45 An EDSITEment-reconstruction of Hoplites based on sources from The Perseus Project.
    Date: 9 November 2008 Source: EDSITEment
    https://commons.wikimedia.org/wiki/File:Two_hoplites.jpg
46 An EDSITEment-reconstructed Greek phalanx based on sources from The Perseus Project.
    שובלב שוקשק https://commons.wikimedia.org/wiki/File:Greek_Phalanx.jpg

　　프리드리히와 마찬가지로, 알렉산더 역시 숫자의 열세를 이 전술로 극복한다.

　　〈그림 1-41〉도 비슷하다. 아래쪽의 마케도니아 군대가 역시 사선 형태를 만든다.

　　위쪽 페르시아 군대의 가장자리를 사선모양으로 진격하면서 격파하는 것을 볼 수 있다.

　　이것이 B.C. 333년 '이수스 전투(Battle of Issus)'이다.

그림 1-41 이수스 전투47

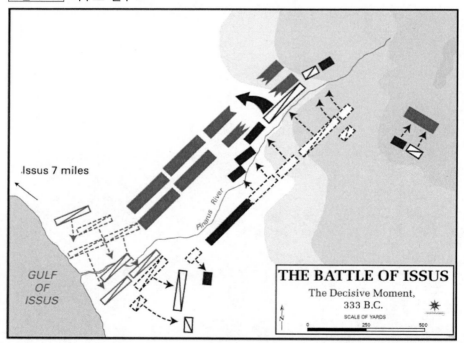

THE BATTLE OF ISSUS
The Decisive Moment,
333 B.C.

47 The Battle of Issus, the decisive moment.
　　Author: Frank Martini, Cartographer, Department of History, United States Military Academy
　　Source: The Department of History, United States Military Academy

1.4.4   영국 프랑스 대결로서 7년 전쟁 그리고 승리를 거듭하는 미국

이렇게 개별 인물이 가지는 중요성은 분명하다. 하지만 구조적 원인도 깔려 있다.

프랑스와 영국의 식민지 경쟁은 앞서 언급한 국제 정세의 극적 변화를 가능하게 한 맥락이다.

흥미로운 점이 있다. 프랑스와 영국은 일관되게 서로 적대적 관계에 있다. 두 전쟁 '오스트리아 왕위계승전쟁(1740~1748)'과 '7년 전쟁(1756~1763)' 모두 다 이런 양상이다.

어떤 이는 이 시기를 '제2차 백년전쟁'으로 본다. 이 두 전쟁 이전의 여러 번 전쟁과 나폴레옹 전쟁을 합치면 100년이라는 숫자가 얼추 맞추어진다.

이전의 '백년전쟁(1337~1453)'이라는 갈등이 다른 형태로 반복된다는 의미이다.

어떠한 분류를 하던, 7년 전쟁은 영국과 프랑스의 잔인한 땅따먹기 경쟁이다.

미국이라는 땅에서도 프랑스와 영국이 싸우는 것이다. 실제 전투 모습도 유럽에서의 전쟁과 유사하다.

〈그림 1-42〉가 이를 보여준다. 사브르, 포, 총, 총검, 군복, 깃발 모두가 맞아 들어간다. 〈그림 1-42〉는 1758년 '루이스버그 포위 전투(Siege of Louisbourg)'이다.

미국도 이제 '제국(帝國, empire)'의 꿈을 꿀 수 있다. 조지 워싱턴이 시작한 '프랑스-인디언 전쟁' 혹은 '7년 전쟁'에서 승리한 영국 편에 서게 된다. 그뿐만 아니라 그 뒤를 이은 영국과의 독립전쟁에서도 잇따라 승리한다.

Overy(2009:158)는 1800년부터 1860년까지의 미국을 '시장혁명' 시기로 규정한다:

> 1800년에 국제적으로 미국은 단지 17년밖에 되지 않은 나라로 인식되었다 …
> 1800년의 미국은 주산업이 농업인 농업 국가였으나 대부분의 농작물은 소비를 위해 재배되었다. 농민 가족은 그들 자신과 이웃을 위해서만 생산했다 …

그림 1-42 '루이스버그 포위 전투(Siege of Louisbourg)'[48]

GENERAL WOLFE AT THE SIEGE OF LOUISBOURG, A.D., 1758.

더 나은 운송으로 '시장혁명'이 가능해졌다 … 이 가운데 가장 결정적인 것은 철도의 도래였다. 1840년 경 미국에는 5,355 킬로미터의 철도가 있었는데, 유럽 전역에 있던 철로가 2,900 킬로미터였던 것에 비하면 상당한 거리였다. 이후 20년 동안 4만 6,679 킬로미터가 더 추가되었으며 1900년까지 계속해서 철도건설이 활발하게 이루어져 새로운 대륙 간 철도 5개가 완공되었다 … 산업생산 면에서 볼 때 미국은 19세기 마지막 10년 동안의 가장 급속한 발전으로 19세기 말에 이르러 세계를 주도하게 된다. 1880년에 미국 철강 생산량은 영국에 뒤졌으나 1900년에 이르면 영국과 영국에 버금가는 경쟁국인 독일의 생산량을 합쳐도 미국에 미치지 못했다. 20세기가 시작될 무렵에 미국은 경제대국으로 발전해갈 길을 잘 닦아 가고 있었다.

---

48 British forces besieging the Fortress of Louisbourg. The French fortress fell in July 1758 after a 48-day siege.
Date: 1 January 1877 Source: Charles R. Tuttle, Illustrated History of the Dominion, Montreal & Boston, D. Downie & co.; Tuttle & Downie Publishers, 1877, p. 636
J. Walker: gravure expressément faite pour le Tuttle's Illustrated History of the Dominion
https://commons.wikimedia.org/wiki/File:General_Wolfe_at_the_siege_of_Louisbourg,_1758.svg

CHAPTER

02
노예제와 계속되는 인종차별

CHAPTER 02. 노예제와 계속되는 인종차별

　　노예제는 미국의 과거이다. 하지만 현재에 영향을 미친다. 생각하는 것보다, 미국은 차별적 사회이다. 이러한 차별의 이면에는 아직도 생명력을 가지고 있는 노예제가 있다.

　　물론 상대적으로 평가하자면, 미국이 다른 나라보다 차별이 적다고 할 수도 있다. 유럽에서 이민자가 영국으로 모이고, 또 전 세계적으로 보면 미국으로 모여드는 것이 사실이다. 다른 더 심한 나라와 비교하면, 차별이 적다고 할수도 있다.

　　하지만 미국 사회는 들여다볼수록 노예제의 유산이 도드라져 보이는 곳이다. 미국 사람의 일상을 자세히 들여다보면, 보이지 않던 차별이 보이기 시작한다.

　　이 장에서 노예제와 인종차별을 같이 이야기하는 이유가 여기에 있다.

　　다시 말하지만, 이러한 삶의 단면은 역사에서 기인한다.

　　첫 번째로, 미국 노예제는 끝난 지 얼마 되지 않았다. 〈그림 2−1〉에 나오는 노예 해방 선언은 1863년 1월 1월 발표된다. 말 그대로 선언적 의미를 가진다. 남북전쟁(1861~1865)이 한창인 시기이다.

　　20세기를 바로 앞두고서야, 노예제는 없어진다.

그림 2-1 링컨 노예해방 선언문1

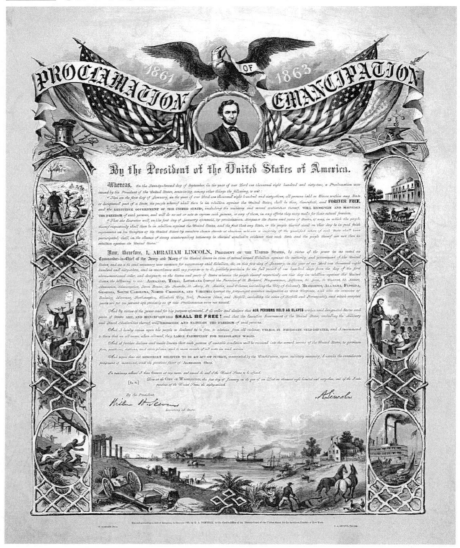

1 Reproduction of the Emancipation Proclamation at the National Underground Railroad Freedom Center in Cincinnati, Ohio

Engraving by W. Roberts. – This image is available from the United States Library of Congress's Prints and Photographs division under the digital ID pga.04067.

Created: 1 January 1864

https://en.wikipedia.org/wiki/Emancipation_Proclamation

두 번째로, 공식적 인종차별은 폐지 이후에도 상당 기간 계속된다. 노예 해방 선언 이후 100년이 넘도록 지속된다.

여기서 '공식적'이라는 단어를 쓰는 이유는 법에 기반을 둔 제도적 차별이기 때문이다.

인종차별 법률은 미국에서는 흔히 '흑인 차별법(Jim Crow Law)'이라고 불린다. 남북전쟁에서 남군에 해당하는 지역에서 더 흔하고 심하게 나타난다.

저자가 번역하자면, '검둥이 법' 정도로 할 것이다.

남부의 차별이라고 하면 화장실이나 대중교통에서의 인종 분리를 우리는 흔히 연상한다.

〈그림 2-2〉에서는 '유색인종 대합실(colored waiting room)'이라는 표지판을 볼 수 있다. 〈그림 2-3〉은 유색인종 식수대이다.

그림 2-2 유색인종 대합실[2]

---

2 Created: 1 May 1940
"At the bus station in Durham, North Carolina." May 1940, Jack Delano.
https://en.wikipedia.org/wiki/Jim_Crow_laws

그림 2-3 유색인종 식수대3

하지만 '검둥이' 차별의 핵심은 교육과 선거이다.

선거 제한은 사법 정의의 부재를 의미한다. 주로 선거인 명부에서 배심원을 뽑기 때문이다.

백인으로만 구성된 배심원은 흑인에게는 악몽 그 자체이다.

흑인의 허약한 정치력으로도 이어진다. 투표가 없으면 흑인 정치인이 없을 뿐 아니라 영향력도 없다.

교육의 중요성 역시 명백하다. 열악한 교육은 가난과 낮은 삶의 질로 직결된다.

둘은 사실 연결되어 있기도 하다. 남북전쟁 이후에도 흑인은 열등한 출신으로 취급받아 백인과 '분리되고 또 열등한' 교육 환경에 처한다.

---

3 "Colored" drinking fountain from mid-20th century with African-American drinking (Original caption: "Negro drinking at "Colored" water cooler in streetcar terminal, Oklahoma City, Oklahoma"). Date: July 1939   Library of Congress's Prints and Photographs division under the digital ID fsa.8a26761

당시 흑인을 선거에서 배제시키는 여러 방안 중 하나가 '읽기 쓰기 시험 (literacy test)'이기 때문이다.

공식적 차별의 철폐는 '민권 운동(civil rights movement)'이라는 투쟁의 성취물로서 이루어진다. 이 운동의 상징적 장면은 1963년 '워싱턴 행진(March on Washington)'이다(〈그림 2-4〉).

공식적 차별을 금지한 1960년대의 일련의 법률제정은 그야말로 피를 먹고 큰 생명체로서 민주주의를 보여준다.

워싱턴 행진은 차별 철폐 의지의 분출이다. 노예 해방 선언 100주년을 맞아 이제는 없애겠다는 것이다. 이집트 첨탑처럼 생긴 링컨 기념관과 운집한 군중이 보이는 〈그림 2-4〉는 1963년도 모습이다.

이 자리에서 '마틴 루터 킹(Martin Luther King Jr.)'이 연설하는 모습이 〈그림 2-5〉이다.

이 연설 제목은 '나는 꿈이 있습니다(I have a dream)'이다. 먼저 연설문 원문을 보자.

I am happy to join with you today in what will go down in history as the greatest demonstration for freedom in the history of our nation.

Five score years ago, a great American, in whose symbolic shadow we stand today, signed the Emancipation Proclamation. This momentous decree came as a great beacon light of hope to millions of Negro slaves who had been seared in the flames of withering injustice. It came as a joyous daybreak to end the long night of their captivity.

But one hundred years later, the Negro still is not free. One hundred years later, the life of the Negro is still sadly crippled by the manacles of **segregation** and the chains of **discrimination**. One hundred years later, the Negro lives on a lonely island of **poverty** in the midst of a vast ocean of material prosperity. One hundred years later, the Negro is still languishing in the corners of American society and finds himself an exile in his own land. So we have come here today to dramatize a shameful condition.

In a sense we have come to our nation's capital to cash a check. When the architects of our republic wrote the magnificent words of the Constitution and the Declaration of Independence, they were signing a promissory note to which every American was to fall heir. This note was a promise that all men, yes, black men as well as white men, would be guaranteed the unalienable rights of life, liberty, and the pursuit of happiness.

It is obvious today that America has defaulted on this promissory note insofar as her citizens of color are concerned. Instead of honoring this sacred obligation, America has given the Negro people a bad check, a check which has come back marked "insufficient funds." But we refuse to believe that the bank of justice is bankrupt. We refuse to believe that there are insufficient funds in the great vaults of opportunity of this nation. So we have come to cash this check — a check that will give us upon demand the riches of freedom and the security of justice. We have also come to this hallowed spot to remind America of the fierce urgency of now. This is no time to engage in the luxury of cooling off or to take the tranquilizing drug of gradualism. Now is the time to make real the promises of democracy. Now is the time to rise from the dark and desolate valley of segregation to the sunlit path of racial justice. Now is the time to lift our nation from the quick sands of racial injustice to the solid rock of brotherhood. Now is the time to make justice a reality for all of God's children.

It would be fatal for the nation to overlook the urgency of the moment. This sweltering summer of the Negro's legitimate discontent will not pass until there is an invigorating autumn of freedom and equality. Nineteen sixty-three is not an end, but a beginning. Those who hope that the Negro needed to blow off steam and will now be content will have a rude awakening if the nation returns to business as usual. There will be neither rest nor tranquility in America until the Negro is granted his citizenship rights. The whirlwinds of revolt will continue to shake the foundations of our nation until the bright day of justice emerges.

But there is something that I must say to my people who stand on the warm threshold which leads into the palace of justice. In the process of gaining our rightful place we must not be guilty of wrongful deeds. Let us not seek to satisfy our thirst for freedom by drinking from the cup of bitterness and hatred.

We must forever conduct our struggle on the high plane of dignity and discipline. We must not allow our creative protest to degenerate into physical violence. Again and again we must rise to the majestic heights of meeting physical force with soul force. The marvelous new militancy which has engulfed the Negro community must not lead us to a distrust of all white people, for many of our white brothers, as evidenced by their presence here today, have come to realize that their destiny is tied up with our destiny. They have come to realize that their freedom is inextricably bound to our freedom. We cannot walk alone.

As we walk, we must make the pledge that we shall always march ahead. We cannot turn back. There are those who are asking the devotees of civil rights, "When will you be satisfied?" We can never be satisfied as long as the Negro is the victim of the unspeakable horrors of police brutality. We can never be satisfied, as long as our bodies, heavy with the fatigue of travel, cannot gain lodging in the motels of the highways and the hotels of the cities. We cannot be satisfied as long as the Negro's basic mobility is from a smaller ghetto to a larger one. We can never be satisfied as long as our children are stripped of their selfhood and robbed of their dignity by signs stating "For Whites Only". We cannot be satisfied as long as a Negro in Mississippi cannot vote and a Negro in New York believes he has nothing for which to vote. No, no, we are not satisfied, and we will not be satisfied until justice rolls down like waters and righteousness like a mighty stream.

I am not unmindful that some of you have come here out of great trials and tribulations. Some of you have come fresh from narrow jail cells. Some of you have come from areas where your quest for freedom left you battered by the storms of persecution and staggered by the winds of police brutality. You have been the veterans of creative suffering. Continue to work with the faith that unearned suffering is redemptive.

Go back to **Mississippi**, go back to **Alabama**, go back to **South Carolina**, go back to **Georgia**, go back to **Louisiana**, go back to the **slums and ghettos of our northern cities**, knowing that somehow this situation can and will be changed. Let us not wallow in the valley of despair.

I say to you today, my friends, so even though we face the difficulties of today and tomorrow, I still have a dream. It is a dream deeply rooted in the American dream.

I have a dream that one day this nation will rise up and live out the true meaning of its creed: "We hold these truths to be self-evident: that all men are created equal."

I have a dream that one day on the red hills of Georgia the sons of former slaves and the sons of former slave owners will be able to sit down together at the table of brotherhood.

I have a dream that one day even the state of Mississippi, a state sweltering with the heat of injustice, sweltering with the heat of oppression, will be transformed into an oasis of freedom and justice.

I have a dream that my four little children will one day live in a nation where they will not be judged by the color of their skin but by the content of their character.

I have a dream today.

I have a dream that one day, down in Alabama, with its vicious racists, with its governor having his lips dripping with the words of interposition and nullification; one day right there in Alabama, little black boys and black girls will be able to join hands with little white boys and white girls as sisters and brothers.

I have a dream today.

I have a dream that one day every valley shall be exalted, every hill and mountain shall be made low, the rough places will be made plain, and the crooked places will be made straight, and the glory of the Lord shall be revealed, and all flesh shall see it together.

This is our hope. This is the faith that I go back to the South with. With this faith we will be able to hew out of the mountain of despair a stone of hope. With this faith we will be able to transform the jangling discords of our nation into a beautiful symphony of brotherhood. With this faith we will be able to work together, to pray together, to struggle together, to go to jail together, to stand up for freedom together, knowing that we will be free one day.

This will be the day when all of God's children will be able to sing with a new meaning, "My country, 'tis of thee, sweet land of liberty, of thee I sing. Land where my fathers died, land of the pilgrim's pride, from every mountainside, let freedom ring."

And if America is to be a great nation this must become true. So let freedom ring from the prodigious hilltops of New Hampshire. Let freedom ring from the mighty mountains of New York. Let freedom ring from the heightening Alleghenies of Pennsylvania!

Let freedom ring from the snowcapped Rockies of Colorado!
Let freedom ring from the curvaceous slopes of California!
But not only that; let freedom ring from Stone Mountain of Georgia!
Let freedom ring from Lookout Mountain of Tennessee!
Let freedom ring from every hill and molehill of Mississippi. From every mountainside, let freedom ring.

And when this happens, when we allow freedom to ring, when we let it ring from every village and every hamlet, from every state and every city, we will be able to speed up that day when all of God's children, black men and white men, Jews and Gentiles, Protestants and Catholics, will be able to join hands and sing in the words of the old Negro spiritual, "Free at last! free at last! thank God Almighty, we are free at last!"

이 연설문은 많은 것은 보여준다. 노예 해방 선언이 100년 전에 있었다는 것을 상기시키기도 한다. 여기에는 '백 년 전에(Five score years ago)', '이로부터 백 년이 지나서도(But one hundred years later)'라는 표현이 나온다.

또한 흑인이 겪고 있는 어려움도 보여준다.

가난(poverty)
분리(segregation)
차별(discrimination) "For Whites Only"
물리적 폭력(physical violence)

가장 큰 어려움을 겪고 있는 장소도 명시한다. 남부뿐 아니라 북부의 흑인 빈민가도 언급하고 있다.

조지아(Georgia)
미시시피(Mississippi)
앨라배마(Alabama)
사우스캐롤라이나(South Carolina)
루이지애나(Louisiana)
북부 도시 빈민가(slums and ghettos of our northern cities)

언급된 남부 지역에 대해서는 별도로 다룬다. '최남부(deep South)', '목화지대(cotton belt)'와 같은 표현을 소개한다.

그림 2-4 1963년 워싱턴 대행진4

4 "Hundreds of thousands descended on Washington, D.C.'s, Lincoln Memorial Aug. 28, 1963. It was from the steps of the memorial that King delivered his famous I Have a Dream speech. King's many speeches and nonviolent actions were instrumental in shaping the nation's out-look on equality." Created: 28 August 1963 "US Government Photo"
https://en.wikipedia.org/wiki/March_on_Washington_for_Jobs_and_Freedom
http://www.marines.mil/unit/mcascherrypoint/PublishingImages/ is the URL of the photo itself.

그림 2-5 마틴 루터 킹 목사 연설 장면5

세 번째로 차별은 지금도 계속된다. 미국 남북 전쟁의 성격을 이해하면 왜 차별이 현재형인지를 알 수 있다.

자세히 설명하겠지만, 링컨이 이끄는 북군의 승리는 차별 없는 세상에 대한 열정의 승리로 보기 어렵다.

---

5 Dr. Martin Luther King giving his "I Have a Dream" speech during the March on Washington in Washington, D.C., on 28 August 1963 National Archives Identifier (NAID) 542069

그렇기 때문에 남북전쟁 발발 100년이 지나서야 일상생활에서의 공식적 차별이 폐지된다. 공식적 차별이 끝나고도, 현재 비공식적 차별이 남아 있는 것이다.

하나의 상징이 이를 잘 보여준다. '연합군 전투 깃발(confederate battle flag)'은 오늘도 미국 남부와 북부 여기저기에서 나부끼고 있다. 공식적이지는 않아도 실질적인 남북전쟁 시기 남부군의 상징이다.

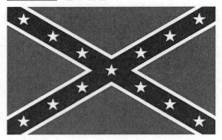

그림 2-6 남부연합기6

폭력과 상징은 아직도 연결된다. 백인 우월주의 청년이 저지른 2015년 6월 15일 '총기 난사(Charleston church shooting, Emanuel African Methodist Episcopal Church shooting)'가 하나의 예이다. 피해자 가운데 사망자는 9명이다.

이 사건이 일어난 해에 사우스캐롤라이나 주 의회 의사당 앞마당에 설치되던 남부군 깃발이 철거된다.

이 역사적 사건을 보도하는 한 뉴스에서는 미국 사회에서 계속되는 갈등의 원천을 엿볼 수 있다. 2015년 7월 11일 NBC news에서 방영된 "Confederate flag removed from South Carolina's state grounds"의 내용이다.

"It was heartbreaking" … they say that they came to honor their ancestors who died in the civil war. "It's not about hate…"

Anger and resentment flares … Evidence of big differences that still divide.

---

6 English: The rectangular battle flag of the Army of Tennessee, Confederate States of America.
Note: The most usual form of the historical Confederate battle flag on land was either square or slightly rectangular (close to square), as in the final Confederate national flag…
Date: 1863   Author: William Porcher Miles (1822–1899)
https://commons.wikimedia.org/wiki/File:Confederate_Rebel_Flag.svg

그림 2-7 찰스턴 교회 총격 범인과 남부연합기[7]

이 상징이 '증오(hate)'가 아닌 '역사 유산(heritage)'이라는 백인의 입장을 볼 수 있다. 노예제의 상징으로 보는 흑인 참석자 중 일부는 총기참사로 인해 가족을 잃은 사람들이다.

이것은 분열시키는 상징임에는 틀림이 없다.

이렇게 흑인에게 모멸적 상징은 여전하다. 아직도 남부 곳곳에서 찾아 볼 수 있다. 남부연합기와 비슷하게 생긴 공식적 상징을 살펴보는데, 그것은 미국 남부의 '주 깃발(state flag)'이다. 제일 심한 미시시피와 앨라배마주 깃발만 따로 제시한다.

---

7 Description: A photo from a white supremacist website showing Dylann Roof, the suspect in the Charleston, S.C., church shooting.
Date: 20 June
Source: New York Times. 1995. "Dylann Roof Photos and a Manifesto Are Posted on Website"

그림 2-8 미국 남부와 주 깃발8

아칸소　테네　시　노스 캐롤라이나

미시 시피　앨라 배마　조지아　사우스캐롤라이나

루이지애나　플로리다

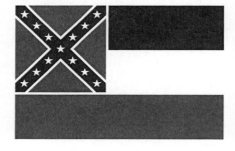 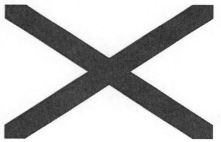

그림 2-9 미시시피주 깃발9　그림 2-10 앨라배마주 깃발10

8　A map of the United States showing the flags of the 50 U.S. states, the District of Columbia, and the 5 inhabited U.S. territories (Total number of flags: 56)　Date: 7 September 2019　User: SiBr4
https://en.wikipedia.org/wiki/File:Map_of_the_United_States_with_flags_with_territories_and_DC_final2.png에서 저자가 수정.

9　https://en.wikipedia.org/wiki/File:Flag_of_Mississippi.svg　Flag of Mississippi　1894
https://web.archive.org/web/20000817093821/
http://www.its.state.ms.us:80/et/portal/MSFlags/flags.html　Drawn by User:Pumbaa80

10　Author: Steve Hall
https://openclipart.org/clipart//signs_and_symbols/flags/america/united_states/usa_alabama.svg
https://en.wikipedia.org/wiki/File:Flag_of_Alabama.svg

현재 진행되는 차별은 상징만이 아니다. 교육과 정치에서도 차별은 여전하다. 이 때문에 유색 인종은 아직도 두려움에 떨어야 하는 경우가 있다.

이제 시간과 장소를 짚어보도록 하자. 먼저 노예제부터 시작하도록 한다.

2.1
노예제

노예제는 인간을 사고 팔 수 있는 상품으로 대한다. 따라서 노예 무역은 노예제와 역사를 같이 한다.

역사적으로 큰 도시는 대부분 노예시장이라고 볼 수 있다. 유명한 무역로는 노예를 끌고 가는 길이다.

2.1.1 바이킹과 노예무역

노예 무역이 한 시대를 규정짓기도 한다. 예를 들면, '바이킹 시대(The Viking Age)'[11]에 동유럽에 진출한 바이킹에게 노예 무역은 수지맞는 장사이다. 노예와 더불어 가장 남는 무역품은 모피이다.

상인이자 싸움꾼인 '볼가강(Volga river)' 유역 스칸디나비아 출신 정착민이 러시아를 세운 사람이라는 주장도 있다. 이들은 '루스, 루시(Rus)'라고 불린다.

『압축세계사(A Short History of the World)』라는 책에서도 마찬가지로 이야기한다(Lascelles, 2016):

> 바이킹이 오늘날 덴마크와 노르웨이 지역에서 출발하여 서쪽으로 이동할 때는 약탈과 정복을 목적으로 했다. 이와 달리 스웨덴에서 출발하여 남쪽으로 이동할 때는 주로 무역이 목적이었다. 마침 북쪽에서 남쪽 방향으로 흐르

---

11 11세기 중반까지를 바이킹 시대의 종말로 보는 것에는 학계에서 큰 이견이 없는 것으로 보인다. 하지만 시작에 대해서는 견해가 다르다. 8세기와 9세기로, 대체로 두 가지 견해가 공존한다. 브리타니카 사전은 스웨덴 출신 바이킹이 서쪽 러시아와 우크라이나에 굳건히 자리를 잡은 9세기 후반으로 보고 있다.

는 큰 강들이 발트해를 카스피해, 흑해와 이어 주었기 때문에 바이킹들이 강
을 따라 남쪽으로 내려올 수 있었다.

아랍인들은 남진해 오는 바이킹을 '루시(Rus)'라고 불렀는데, 이들은 오늘
날 우크라이나와 러시아 지역에 각각 키예프 공국들과 노브로그드 대공국을
세우는 데 중요한 역할을 했다. 이 도시들 주변에서 무역이 발전하면서 러시
아의 토대가 형성되었다.

바이킹 출현 이전부터 유럽에서 노예로 많이 팔려나간 슬라브 사람에 대
해서도 하나의 설이 있다. 영어 '노예(slave)'의 어원이라는 주장이다. '슬라브인
(Slav)'에서 온다는 것이다.

〈그림 2−11〉에 표시된 '볼가강 무역로(Volga trade route)'는 스웨덴에서 카스
피해 남쪽까지이다. 바그다드와 같은 중동 지역까지 무역로가 확장되기도 한다.

〈그림 2−12〉 바다 그리고 강 어디에서나 손쉽게 배를 댈 수 있는 바이킹
선박의 모습이다.

그림 2−11 볼가강 무역로(Volga trade route)[12]

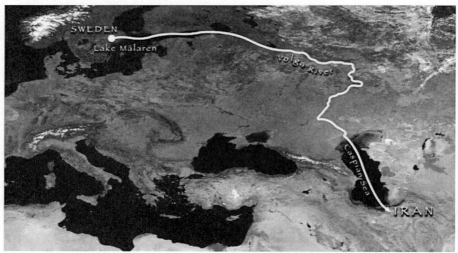

그림 2-12 바이킹 선박13

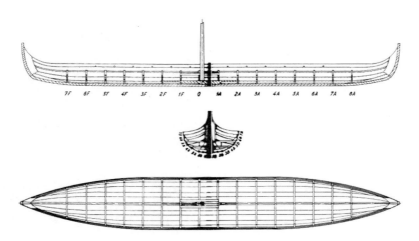

그림 2-13 '볼가강 무역로(Volga trade route)'에서의 노예 무역 장면14

---

13 Hull drawing of Viking ship Sebbe Als of Augustenborg, Denmark
   Author: Steen Weile
   https://commons.wikimedia.org/wiki/File:Sebbe_Als_2.jpg

14 Trade negotiations in the country of Eastern Slavs. Pictures of Russian history.   Date: 1909

2.1.2 현대의 노예

현대에도 많은 노예가 존재한다. 서해안 염전 노예의 이야기는 우리 바로 근처에 있는 이야기이다.

염전 노예로 살았던 삶에 대한 증언을 들을 수 있었습니다.

[박 모씨/염전 강제노역 인부: (1년 동안 염전에서 일해서 얼마 받으셨어요?) 원래는 400만 원 준다고 했어요. (실제로 받으신 금액은?) 90만 원이요.]

[채 모씨/염전 강제노역 인부: (어느 정도 받으셨어요?) 대충 1,500만 원 받고 해결이 됐어요. (1년에 1,500만 원이요?) 아니, 20년 일한 것을 이번에 받은 거예요. (20년 동안 월급을 한 번도 못 받으셨어요?) 네.]

20년에 1,500만 원이면 한 달 월급이 6만 2,500원인 셈입니다.

[이 모씨/염전 강제노역 인부: (임금 왜 안 주냐고 해 보셨어요?) 얘기하면 뭐해요, 안 주는 걸. 돈 자체를 안 주는 걸.]

폭행과 욕설도 난무했습니다.

[이 모씨/염전 강제노역 인부: 얼마나 폭행을 하는데. 너 봤지? (삽질로 심하게 때려, 심하게.) 몽둥이로도 패버리지. (사모님 앞에서 따귀를 막 때리고.) 이유 없이 맞는 거야, 그냥.]

더 심한 경우도 있었습니다.

[채 모씨/염전 강제노역 인부: 칼로 여기 맞았어요. 칼로. (왜요?) 경찰 진술이 다 됐어요. 나보고 주방에서 후라이팬 닦으라고 했어요. 그 주인이 식당도 하거든요. 그런데 제가 잘 못 닦은 모양이에요. 그 아줌마가 그러니까…

Medium: oil on cardboard   Artist: Sergey Ivanov(1864-1910)
https://commons.wikimedia.org/wiki/File:S._V._Ivanov._Trade_negotiations_in_the_coun-try_of_Eastern_Slavs._Pictures_of_Russian_history._(1909).jpg

(저희가 그 상처를 볼 수 있나요?)]

이번 사건에 불을 지핀 김성백씨에 대한 목격담도 들을 수 있었습니다.

[박 모씨/염전 강제노역 인부: (김성백씨와 좀 알고 계셨나요?) 바로 옆에 염전에 있었으니까 알죠. 나는 같은 동네니까 잘 알지. (염전 주인한테 맞는 것도 보셨나요?) 내가 알려줄게. 쉽게 말해서, 이게 삽이야. 이걸로 막 때려. 등짝을 때리든지 여기를 때리든지. 몽둥이로 때리지, 따귀 때리지. 이렇게 머리 때리든지. 아니면 이렇게 밀어서 넘어뜨리고 발로 밟고.]

봇물 터지듯 쏟아지는 피해의 증언들은 믿기 어려울 정도였습니다.

분명한 건 이들이 인간답지 못한 취급을 받으면서 심한 모멸감에 괴로워했다는 사실입니다.

[박 모씨/염전 강제노역 인부: 말도 좀 좋게 하면 되는데, 욕 하면서 야 '이 ○○야, 이거 해라 저거 해라' 그러니까. 우리도 사람인데 존중을 해줘야 할 거 아닙니까.]

[앵커] 현장을 취재한 김관 기자와 얘기 나눠보겠습니다. 김기자, 신안 천일염하면, 고급 소금으로 잘 알려져 있지 않습니까. 그래서 충격도 더 큰 건데 우리 식탁에 오르는 천일염, 강제 노역으로 생산된 게 대부분이라는 이야기죠?

[기자] 네, 우리나라에서 단일 지역으로 가장 많은 천일염을 생산하는 곳이 바로 신안군입니다. 전체 생산량 30만 톤(t) 중 7만 톤이 신안군에서 나오고 있는 상황입니다.

[앵커] 또 하나 궁금한 것은 이번에 적발된 염전에서 생산한 소금이 어떤 유통 과정을 거치느냐거든요. 대기업이 들어가 있다면 과연 저비용 구조의 문제를 몰랐겠느냐하는 것도 있고요.

[기자] 저희도 그게 궁금해 검증해봤습니다. 함께 보시죠.

대형 식품업체 C사가 2010년 신의도에 지은 천일염 공장.

공장 완공 당시 이 회사는 신의도 염전 업주 83명이 참여한 신의도 천일염 주식회사와 납품계약을 맺습니다.

[신의도 염전업주: ○○에서 공장을 지었으니 소금을 공급받아야 할 것 아 닙니까. 그래서 주주로 참여시킨 것이 염주들한테 ○○하고 계약한 사람들에 한해서 소금을 가져간 거죠.]

C사는 이들의 원료를 가공해 '명품 천일염'이라는 수식어를 달고 천일염 시장 진출 3년 만에 시장 점유율 1위에 올랐습니다.

혹시 이곳에 납품되는 소금 중엔 염전노예 문제로 적발된 업주의 소금은 없을까.

– [탐사플러스 7회] 구출된 염전 노예 "다시 돌아가겠다"…왜? 2014.3.30. jtbc 뉴스. 김관, 정진우 기자. 전진배의 탐사플러스

현대의 가장 흔한 노예제도는 '인신매매(人身賣買, human trafficking)'이다. 성매매를 위한 여자 매매와 강제성을 띠게 되는 밀입국이 대표적이다. 강제결혼을 통해 짝을 찾는 것과 장기적출도 이에 해당한다. 각종 강제 노동이 인신매매와 연결되기도 한다. 어린이 노동도 노예제로 볼 수 있다.

전 세계적으로 보면 노예제가 없어진 것이 얼마 되지 않았다는 것도 충격적이다. 사우디아라비아에서 노예제는 1962년에 공식적으로 폐지되었다.

실질적으로 노예제가 폐지되었는지에 대해서는 의문의 여지가 많다. 여자를 소유한다는 종교적 영향력은 그대로이다. 중동에서 외국인 여성 가사 노동자에 대한 학대는 처벌받지 않는 경우가 있다.

이러한 문제는 필리핀과 중동 국가들 간의 외교 문제로 번지기도 한다. 많은 필리핀 여성이 중동을 비롯한 여러 지역에 가사 노동자로 나가 있다.

2.1.3 무역, 노예제 그리고 세계상품

무역이 노예를 만들어내기도 한다. 사람이 아닌 물건으로서의 상품이, 다시 상품으로서의 사람을 만들어 낸다는 의미이다.

『설탕의 세계사(砂糖の 世界史)』를 쓴 '가와기타 미노루(川北稔)'의 '세계상품' 개념은 상품과 노예제가 어떻게 연결되는지를 잘 보여준다.

개념을 살펴보자(2003:15):

> '세계상품'의 의미는 모직물과 면직물의 예를 비교해 보면 쉽게 알 수 있다.
>
> 기후가 한랭하고 목양업이 발달한 유럽에서는 중세 이래 모직물이 대량생산되었으므로 유럽인들은 중국이나 인도 같은 아시아 대륙 혹은 아프리카로 진출했을 때도 끊임없이 이것을 팔려고 노력했다. 본디 유럽인들이 외부세계로 탐험을 나선 데에는 유럽에서의 판로개척이 한계에 다다른 모직물 시장을 외부에서 찾고자 하는 의도도 있었다.
>
> 하지만 무더운 인도나 아프리카에서 모직물이 팔릴 리 없었다. 반면에 얇고 세탁이 쉬우며 선명한 색상으로 염색이 가능한 면직물은 본디 아시아, 특히 인도가 생산의 중심지였으나 아프리카나 유럽에서도 크게 선호했다. 그리하여 유럽에서만 통용됐던 모직물과 달리 면직물은 세계상품이 될 수 있었다.
>
> 세계상품이 꼭 음식물이나 의류여야만 하는 건 아니다. 요즘에는 석유나 TV, 자동차가 전형적인 세계상품이다. 즉, 그것은 아프리카 오지든 히말라야 깊은 산중이든 세계 어디서나 사용되는 상품이다.
>
> 이렇듯 세계상품이 된 중요한 상품(staple)을 독점하면 큰 이익을 얻을 게 분명하다. 그러므로 16세기 이래의 세계역사는 이런 상품의 패권을 어느 나라가 쥘 것인가를 놓고 벌이는 경쟁 속에서 전개됐다.

면화를 세계상품으로 볼 수 있다는 것을 기억하자. 이 장에서는 미국 남부 노예제를 면화와 연결시켜 설명한다.

가와기타 미노루 책의 또 다른 매력은 이러한 세계상품과 노예제와의 연결이다. 여기에서는 '노예무역을 낳은 설탕'을 설명한다(2003:16~7):

> 16세기에서 19세기에 걸쳐 전 세계의 정치가들과 실업가들은 설탕의 생산권 확보와 그 유통의 장악 문제를 놓고 온갖 지혜를 짜내느라 고심했다. 그 결과 브라질이나 카리브해의 섬들에 사탕수수 생산을 위한 대농장, 즉 '플랜테이션(plantation)'들이 만들어졌다.

> 그런데 이들 플랜테이션에서는 사탕수수의 재배와 가공에만 모든 역량을 집중했을 뿐 그 밖의 활동은 전혀 이루어지지 않았다. 심지어는 곡물 같은 기본적인 식량조차 수입하면서 오직 사탕수수 재배에만 힘썼다.

> 플랜테이션에는 유럽제국, 그중에서도 영국 자본이 주로 주입되었으며, 수십만 명의 아프리카 흑인이 노예로 끌려와 강제노동에 시달렸다. 초기에는 백인 노동자를 쓰는 방안도 검토됐으나, 값싸게 대량 노동력을 확보하는 최선의 방법은 아프리카인을 끌고 오는 것이었다 … 참고로 훗날 아메리카합중국의 남부에서는 또 하나의 세계상품인 면직물의 원료를 영국에 제공하고자 면화재배를 위한 대규모 플랜테이션이 세워졌으며, 여기서도 아프리카 노예들이 중요한 노동력으로 일한다.

> 독자들 중에 오늘날 미국이나 카리브해의 여러 섬들 그리고 영국에 왜 아프리카계 사람들이 많이 살고 있을까 궁금하게 여겼던 분들이 있을 텐데, 그 배경에는 이처럼 유럽과 아시아·아메리카·아프리카 사이의 기나긴 역사, 즉 세계상품과 관련된 탐욕과 착취의 역사가 있었던 것이다.

2.1.4 미국 남부와 삼각무역

미국 노예제는 대서양을 기반으로 하는 '삼각무역'의 맥락에서 작동한다. 삼각무역의 세 곳은 다음과 같다.

아프리카 서부

카리브해, 미국 식민지

유럽

〈그림 2-14〉를 보자. 아프리카에서 '노예(slave)'가 카리브해와 미국 식민지로 실려 온다.

미국에서는 '환금 작물(換金 作物, cash crop)'이 유럽으로 건너간다. '설탕(sugar)', '담배(tobacco)', '목화(cotton)'이다.

'직물(textile)', '럼(rum)', '공산품(manufactured goods)'이 유럽에서 아프리카로 건너간다.

그림 2-14 대서양 삼각무역15

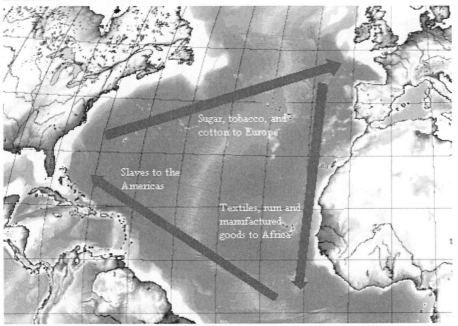

---

15 Modified version of en:Image:World map.png, which was created by John Monnpoly
    Date: 21 September 2005 (original upload date) Author: SimonP at en.wikipedia
    Source: Modification made by SimonP. Transferred from en.wikipedia
    https://commons.wikimedia.org/wiki/File:Triangle_trade2.png

〈그림 2-15〉는 노예무역을 좀 더 자세히 설명한다. 미국 주요 노예 항구도 설명되어 있다. '리치몬드(Richmond)', '찰스턴(Charleston)', '뉴 올리언스(New Orleans)'가 각각 표시되어 있다.

산업도 표시되어 있다. '벼(rice)', '목화(cotton)', '담배(tobacco)', '설탕(sugar)'이 있다.

노예가 북미뿐 아니라 중남미 곳곳으로 끌려간 것도 보여준다.

그림 2-15 아프리카로부터 아메리카 대륙으로의 노예 무역

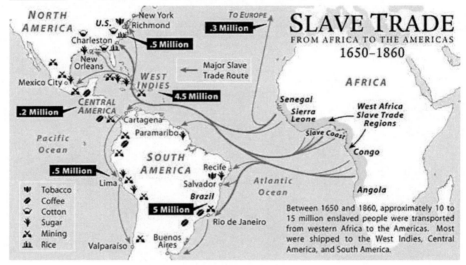

Lascelles(2016:198~9)는 이러한 삼각무역에서 상품이 노예의 수요를 만들어내는 원리를 이야기한다. 그는 또한 이러한 무역이 영국 산업혁명의 기초가 된다고 주장한다:

노예무역은 17~19세기 '대서양 체제(Atlantic System)'라는 삼각무역에서 한 축을 담당했다.

무역상들은 서양에서 제조된 섬유와 총기 등의 물건을 아프리카에 수출하여 노예와 교환했다. 그리고 이 노예들을 카리브 제도로 데려가 설탕, 담배, 커피 같은 상품들과 맞바꾸었다.

카리브에서 얻은 상품들은 유럽에서 제품을 구입하는 데 사용되었고, 이 제품들은 아프리카에 수출되는 식으로 삼각무역이 다시 반복되었다.

특히 당밀 같은 설탕 부산물을 증류해 추출한 럼이 아프리카로 수출된 것은 주목할 만하다. 노예 노동의 산물로 더 많은 아프리카인이 노예가 되는 이윤 추구의 악순환 체제가 구축된 것이다.

설탕 등 노예 의존적 산업에서 창출된 자본은 은행에 자금을 공급했고, 은행은 그 돈을 새로운 발명에 투자하고 대출을 확대했다. 이는 영국에서 산업혁명이 일어나는 환경을 조성했다.

'당밀(糖蜜, molasses)'은 사탕수수에서 설탕을 뽑아내고 남은 검은 즙이다. 노예 노동의 산물로 더 많은 아프리카인이 노예가 되는 이윤추구의 악순환 체제가 성립된다(가와기타 미노루, 2003:136):

설탕의 생산은 플랜터나 상인들에게 큰 이익을 안겨주었는데, 그런 이익은 제당과정에서 발생하는 부산물에서도 생겼다. 간단히 말하면 수확한 사탕수수를 축력이나 풍력으로 천천히 회전시키는 절구에서 짜내고 그것을 여러 번 졸여 결정(結晶)을 추출하는 것이 설탕의 생산과정인데, 그 과정에서 결정이 되지 못한 찌꺼기로서 당밀이라는 것이 생겼다.

영국인이나 북아메리카 식민지인들은 값비싼 벌꿀 대신 당밀을 빵에 발라 먹기도 했으나, 당밀의 대부분은 양조과정을 거쳐 럼주라는 강력한 알코올 음료로 만들어졌다. 럼주는 아프리카인들이나 카리브해로 끌려온 노예들은 물론 개척시대의 거친 생활환경을 견뎌내야 했던 식민지 사람들에게도 큰 인기를 얻었으므로 북아메리카나 아프리카로의 중요한 수출품이 되었다.

초기에는 럼주와 당밀을 카리브해에서 영국령 북아메리카 식민지로 수출하고 그 대신 곡물이나 목재 등을 입수했으나, 노예가 늘어감에 따라 카리브해의 식민지에서도 소비량이 늘어났고 18세기부터는 영국이나 아일랜드로도 대량으로 수출하게 되었다. 아프리카에서는 럼주가 노예와 교환되었다.

2.1.5 사우스캐롤라이나 찰스턴 '노예 마트'

찰스턴(Charlston, South Carolina)은 미국 노예제를 잘 보여주는 곳이다. 〈그림 2−16〉은 노예시장이며, 〈그림 2−17〉은 노예 경매 장면이다.

그림 2−16 찰스턴 노예 시장[16]

---

[16] Description: Facade of the Old Slave Mart in Charleston, South Carolina, USA. Built in the late 1850s, this was once the entrance to a slave auction gallery. The building is now a museum.
Date: 17 May 2010   Author: Brian Stansberry
https://en.wikipedia.org/wiki/Old_Slave_Mart

그림 2-17 찰스턴 노예 경매[17]

〈그림 2-18〉은 흑인 노예가 목화를 따는 장면이다.

〈그림 2-19〉에서 매클로이드 농장은 'Mcleod Plantation Historic Site'로 표시되어 있다. 〈그림 2-18〉에서처럼 흑인 노예가 목화를 따는 곳이다.

---

[17] Title: Slave Auction, Charleston, South Carolina, 1853
Description: Men, women, and children being sold are displayed on a raised platform. Illustration accompanies an article (Sale of Slaves at Charleston, South Carolina) by an un-identified English traveler who observed the scene that is shown. The traveler was, in fact, the English artist Eyre Crowe who visited Charleston in March 1853. He compares slave auctions in South Carolina and Virginia. In the latter (see image NW0278), the auction is hidden as much as possible in out-of-the-way places while in Charleston, it takes place in a central part of the city; a detailed description of the Charleston auction is given (p. 556). A similar description is given in Eyre's account of his visit to the United States in 1852-1853, With Thackeray in America? (New York, 1893), pp. 150-152
Date Created: 1853
Source: The Illustrated London News (Nov. 29, 1856), vol. 29, p. 555
http://slaveryimages.org/s/slaveryimages/item/1900

그림 2-18 흑인 노예가 목화 따는 모습[18]

이 농장은 삼각무역 지도에 나오고 노예 시장이 있는 바로 그곳에 있다. 바로 대표적 노예 항구도시인 찰스턴이다.

〈그림 2-20〉과 〈그림 2-21〉은 각각 노예 숙소와 농장주 저택을 대조적으로 보여준다. 〈그림 2-21〉은 저택의 세련된 아름다움을 잘 보여준다. 이러한 저택은 내부도 유럽에서 가져온 가구와 소품으로 가득 차 있다.

저택 앞의 큰 참나무는 더위를 막아주는 역할을 한다.

---

18 An illustrated depiction of African American people picking cotton, 1913 – From "Houston: Where Seventeen Railroads Meet the Sea" Page 31/40
"Cotton Pickers in the Field. Houston Is the Largest Inland Port Cotton Market in the World, Handling Nearly 3,000,000 Bales Annually." Date: 1913 Author: Jerome H. Farbar
http://ia331435.us.archive.org/3/items/houstonwhereseve00farb/houstonwhereseve00farb_jp2.zip
https://commons.wikimedia.org/wiki/File:CottonpickHoustonWhere17.png

그림 2-19 매클로이드 농장(McLeod Plantation)

그림 2-20 매클로이드 농장 노예 숙소[19]

19 Slave Quarters at McCleod Plantation (Charleston County, South Carolina) (cropped)

그림 2-21 매클로이드 농장주 저택20

2.2
"최남부 지방(Deep South)"의 형성: 1793년 조면기 발명

먼저 조면기와 관련 연대기를 한번 살펴보도록 하자. 조면기는 목화씨와 목화 섬유를 분리하는 기계이다.

Author: John McWilliams
Permission: Historic American Buildings Survey
Source: http://memory.loc.gov/cgi-bin/displayPhoto.pl
https://commons.wikimedia.org/wiki/File:Slave_Quarters_at_McCleod_Plantation_(Charleston_County,_South_Carolina).jpg
20 McLeod - front facade Date: 6 March 2016 Author: ProfReader
https://commons.wikimedia.org/wiki/File:McLeod_Plantation_-_front.jpg

1793년 휘트니 조면기 발명
1861년 남북전쟁 발발
1863년 노예해방 선언
1865년 남북전쟁 종료

미국 남부가 다 동일한 장소는 아니다. 미국 남북전쟁 당시의 상황은 이를 잘 보여준다:

면화재배에 의존하는 멕시코만 연안주 Gulf States와 그보다 경제활동이 다양한 경계 주 Border States 사이의 갈등은 현실이었다. [경계 주: 노예제도를 채택한 남부주들 가운데, 남북전쟁이 발발한 1861년 1월 이전 미합중국에서 탈퇴하지 않은 주들을 가리킨다. 남북전쟁 발발 이후 델라웨어, 켄터키, 메릴랜드, 미주리는 잔류를 선택했고, 아칸소, 노스캐롤라이나, 테네시, 버지니아는 탈퇴를 선택했다.]

우리는 남북전쟁 당시 (다수가 경계 주 출신인) 30만 명으로 추산되는 남부 백인이 연방정부 편에서 싸웠고, (델라웨어, 켄터키, 메릴랜드, 미주리) 네 개의 경계주는 연방을 끝까지 탈퇴하지 않았다는 사실을 망각하는 경향이 있다.

조지아에서는 남북전쟁 내내 데이비스의 정책에 따르지 않는 반대세력이 상당했다. 징병과 식량 부족으로 노예 소유주와 비노예 소유주 사이의 갈등과 분열이 심화되었고 남부 연합 정부로서는 어떻게든 이런 문제를 수습해야 했다. 말하자면 남부 연합 내부의 동질성 주장은 사실보다는 상상에 가까웠다 (Isenberg, 2016:285).

인종차별이 가장 심한 남부 지역은 바로 '최남부 지방(Deep South)'이다.
이 단어에 대한 기존의 확립된 번역은 없는 듯하다. '남부 깡촌', '남부 노예지대'와 같은 부정적 번역을 처음에는 생각하다, 저자는 마음을 고쳐 먹고 현재 통상적으로 사용하는 중립적 표현을 그냥 쓰기로 한다. 바로 '최남부 지방'이다.

　　최남부 지방은 〈그림 2−22〉에서 가장 진한 색으로 나오는 주를 대상으로
한다. 〈LA 루이지애나, MS 미시시피, AL 앨라배마, GA 조지아, SC 사우스캐롤
라이나〉라는 5개주이다. 말 그대로 최남부이다.

　　사람에 따라 최남부 지방이 약간씩 지리적으로 확대되어 사용되기도 한
다. 그 다음으로 진한 색 지역이다.

　　〈그림 2−22〉에서 왼쪽부터 〈TX 텍사스, AR 아칸소, TN 테네시, NC 노
스캐롤라이나〉 다섯이 이러한 곳이다. 최남부보다는 조금 북쪽에 있다는 것을
알 수 있다.

　　'최남부 지방'이라는 경계는 '남부'와는 분명히 구분된다. 가장 연한 색인
〈OK, KY, WV, VA, DC, MD, DE〉를 포함한 넓은 범위는 '남부(South)'에 속한
다. 다시 말하지만, 최남부 지방에 이런 곳은 포함되지 않는다.

그림 2−22 최남부 지방[21]

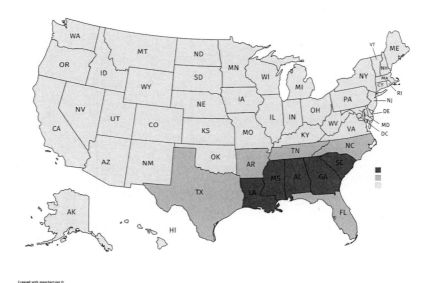

Created with mapchart.net ©

---

[21] Description: Approximate geographic definitions of the "Deep South" within the greater
Southern United States. The Deep South is consistently thought to include most or all of the
states shown in red, with extensions into portions of those in orange. While many or most

그림 2-23 조면기|22

　이러한 최남부 지방은 산업과 관련해서 이해할 필요가 있다. 여기서는 목화 재배를 예로 든다. 그리고 이 산업에서의 하나의 기술적 발전을 구체적으로 이야기한다.

　바로 조면기(繰綿機)이다. 이것은 목화씨를 목화 섬유로부터 분리하는 기계이다. 목화씨를 손으로 빼지 않고 기계를 활용하여 빼낸다.

　〈그림 2-23〉은 1793년 일라이 휘트니 조면기(Eli Whitney cotton gin)이다. 손잡이를 돌리면 둘레에 작은 철사 톱니로 덮여있는 실린더가 회전한다. 톱니들이 내부 벽의 좁은 홈과 맞물려 돌아가면서 목화씨를 제외한 섬유는 모두 통과하게 되어 있다.

(including the Census Bureau) consider the states in yellow to be part of the Southern U.S., they typically do not carry the Deep South geographic label.
Date: 11 August 2018　Author: TheFrenchTickler1031
https://en.wikipedia.org/wiki/File:The_South_and_Deep_South.png
22 A model of a 19th-century cotton gin on display at the Eli Whitney Museum in Hamden, Connecticut　Date: 29 December 2007
https://en.wikipedia.org/wiki/Cotton_gin

이 기계는 놀라운 생산성 향상을 가져온다. 한 명의 노예가 이 기계 없이
는 10시간을 들여 1 파운드의 면 섬유를 분리해 낸다.

두세 명 노예가 한 조가 되어 기계를 사용하면, 하루에 50 파운드 면 섬유
를 손에 쥘 수 있다.[23] 50 파운드는 23 킬로그램(kg) 정도이다.

〈그림 2-24〉는 휘트니 발명 이전 조면기를 활용하여 흑인 2명이 조를 이
루어 작업하는 모습을 보여준다. 휘트니 조면기를 활용할 때의 모습을 추정할
수 있는 단서를 제공한다.

 그림 2-24 흑인 노예를 이용한 최초의 조면기 사용 장면[24]

---

23 https://en.wikipedia.org/wiki/Cotton_gin

24 African Americans slaves using the First cotton-gin, 1790-1800, drawn by William
    L. Sheppard. Illustration in Harper's weekly, 1869 Dec. 18, p. 813 Harpers
    Weekly's illustration depicting event of some 70 years earlier.
    The illustration is of a Roller Cotton Gin and not an illustration of a Whitney Spike
    Gin or Holmes Saw Gin.
    The Library of Congress, Card 91784966, Call Number: Illus. in AP2.H32 Case Y
    [P&P], Reproduction number: LC-USZ62-103801 (b&w film copy neg.), Medium: 1
    print: wood engraving, Created/Published: 18 December 1869
    https://commons.wikimedia.org/wiki/File:Cotton_gin_harpers.jpg

휘트니 조면기 발명은 미국 남부 노예 경제의 확장을 가져온다. 기계가 필요 노동력을 감소시키리라는 일반적 기대와는 정반대의 결과가 나타난다.

이제 농장주는 더 많은 땅과 더 많은 노예를 원하게 된다. 북쪽 자본가가 더 많은 공장과 더 많은 노동자를 원하는 것과 대조를 이룬다.

더 많은 돈을 목표로 하는 것은 동일하지만, 방법은 상당히 다르다는 것을 알 수 있다.

노예제와 흑인을 연상시키는 '최남부 지방(Deep South)'이라는 넓은 지역을 먼저 알아보았다. 목화재배에 적합한 기후 조건과 직결되는 '목화지대(cotton belt)'와 최남부 지방은 서로 거의 겹친다.

 그림 2-25 목화지대(cotton belt)[25]

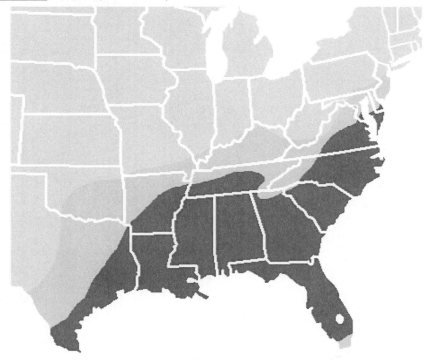

---

25 The red shading on this map denotes areas of the United States with a solidly humid subtropical

2.3
'노예 해방' 100년 만에 이루는 해방: 1960년대 민권운동

100년 만에 이루는 해방으로서의 '노예 해방'은 어렵게 한 발씩 앞으로 나간다. 킹 목사의 연설 한 번으로 이루어진 것이 아니다.

'셀마 몽고메리 행진(Selma to Montgomery marches)'은 이를 잘 보여준다.

1965년 2월 18일 투표 권리를 요구하며 시위를 하던 '지미 리 잭슨(Jimmie Lee Jackson)'은 경찰의 발포로 숨진다.

그림 2-26 지미 리 잭슨26

---

climate; the pink shading denotes areas of the United States with a transitional/borderline humid subtropical climate. I created this map based largely on the information contained in the Humid subtropical climate article, with supplemental information gleaned from articles about various US cities and states. Consider this to be a work in progress and feel free to suggest changes/corrections to me or make them yourself, if necessary. Points of clarification: The Florida Keys are intentionally left uncolored because these areas exhibit a true tropical climate. Southern Florida (e.g. Miami area) is shaded pink to indicate transition to a true tropical climate. Also, the transitional zone in the west may need to be extended north to cover all of eastern Oklahoma and terminate in extreme southern and eastern Kansas (per the Kansas article's description of the climate of Kansas). CC BY-SA 3.0
File: US humid subtropical.png   Date: 6 January 2007
https://en.wikipedia.org/wiki/Cotton_Belt#/media/File:US_humid_subtropical.png

26 Jimmie Lee Jackson (December 1938 - February 26, 1965), African American civil rights activist who was shot by an Alabama State Trooper
https://en.wikipedia.org/wiki/Murder_of_Jimmie_Lee_Jackson#/media/File:Jimmie_Lee_Jackson.jpg

그림 2-27 셀마 몽고메리

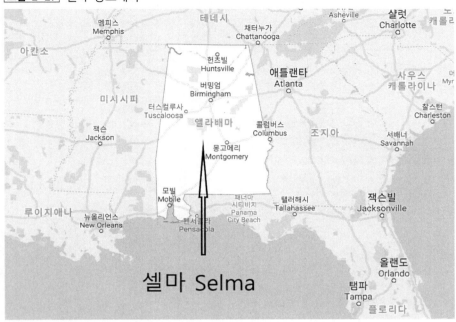

그림 2-28 셀마 몽고메리 행진 경로[27]

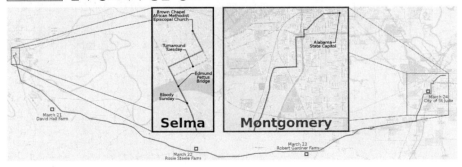

27 Map showing route of Selma to Montgomery marches in March 1965. Includes campsites.
Vector overlay on OpenStreetMap raster, derived from National Park Service brochures and
information for Selma To Montgomery National Historic Trail   Date: 20 February 2017
Author: Mliu92
Source: Own work, derived from National Park Service information
https://commons.wikimedia.org/wiki/File:Selma_to_Montgomery.svg

1965년 3월 7일 첫 번째 행진이 진행된다.

'피의 일요일(Bloody Sunday)'이라고 불리는 날이다. 에드먼드 페터스 다리에서 기다리던 경찰이 시위대를 진압한다.

〈그림 2-29〉와 〈그림 2-30〉은 현장을 잘 보여준다.

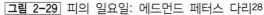

그림 2-29 피의 일요일: 에드먼드 페터스 다리[28]

28 Alabama police prepare to assault peaceful demonstrators at the Edmund Pettus
Bridge during Bloody Sunday in 1965. View is from far (eastern) side of bridge, facing
Selma. Created: 01 January 1965
https://en.wikipedia.org/wiki/Edmund_Pettus_Bridge
U.S. Department of Justice http://www.usdoj.gov/kidspage/crt/voting.htm

그림 2-30 피의 일요일 진압장면[29]

그림 2-31 제임스 리브(James Reeb)[30]

---

[29] Bloody Sunday – Alabama police attack Selma–to–Montgomery Marchers, 1965.
Author: Federal Bureau of Investigation
Source: http://www.cr.nps.gov/nr/travel/civilrights/cost.htm

[30] James Reeb (January 1, 1927 — March 11, 1965), American Unitarian Universalist minister
from Boston, Massachusetts Source: http://www.madeinwyoming.net/art/Reeb.jpg
https://en.wikipedia.org/wiki/File:James_Reeb.jpg

1965년 3월 9일 두 번째 행진이 진행된다.

이 날 밤 시위에 참여한 백인 '제임스 리브(James Reeb)'가 살해된다. 인종
차별주의자 백인에게 맞아 죽은 것이다.

1965년 3월 21일 시작된 세 번째 행진은 앨라배마 주청사가 있는 몽고메
리까지 이루어진다.

그림 2-32 세 번째 행진31

---

31 Rabbi Abraham Joshua Heschel, second from right, participating in the civil rights march
from Selma to Montgomery, Alabama, on March 21, 1965.
First row, from far left: John Lewis, an unidentified nun, Ralph Abernathy, Martin Luther King,
Jr., Ralph Bunche, Abraham Joshua Heschel, Fred Shuttlesworth.
Second row: Visible behind (and between) Martin Luther King, Jr. and Ralph Bunche is
Rabbi Maurice Davis.
They are shown wearing Hawaiian leis thought to be provided by the influential Rev. Abraham
Akaka who was then the Kahu of the Kawaiaha'o Church in Honolulu and a friend of Dr.
King.
"Heschel Selected Photos", the Trustees of Dartmouth College [faculty] [Department of
Religion]. Archived from the original on Sep 17, 2014. Retrieved Sep 17, 2014.
Article: Maurice Davis http://www.dartmouth.edu/~religion/faculty/heschel-photos.html

이 투쟁의 결실물이 '1965년 선거권법(Voting Rights Act 1965)'이다. 선거에서 차별을 금지하는 법률이다.

'언어능력 시험(literacy test)', 투표를 하기 위한 세금, 즉 '인두세(人頭稅, poll tax)', '재산 소유 요건' 등 다양한 제한이 금지된다. 공정 선거를 위해, 연방정부는 지방 선거를 감독할 수 있게 된다.

마지막으로 〈그림 2-29〉에 나오는 다리에 대해 언급해본다. 이것은 '에드먼드 페터스 다리(Edmund Pettus Bridge)'이다.

그림 2-33 에드먼드 페터스[32]

다리 이름은 '에드먼드 페터스(Edmund Pettus, 1821~1907)'라는 인물에서 붙여졌다. 남부군으로 전쟁에 참여하고, 백인 우월주의 단체인 KKK 활동을 하고, 상원의원으로 재직한 인물이다(〈그림 2-33〉).

이러한 갈등이 왜 이러한 자리에서 일어났는지를 알게 해 주는 다리 이름이다.

2.4
계속되는 인종차별:
영화 '그린북(Green Book)'과 '해넘이 동네(sundown town)'

영화 '그린북(Green Book)'에서는 'sundown town'이라는 표현이 나온다. 국내 번역이 없는 것 같아, 여기서 저자가 직역하여 '해넘이 동네'로 표현한다.

---

[32] Image of Edmund Pettus. Date: before 1907   Author: Unknown
Source: http://bioguide.congress.gov/scripts/biodisplay.pl?index=P000279
https://commons.wikimedia.org/wiki/File:Edmund_Pettus-photo_portrait.jpeg

그림 2-34 영화 '그린 북'

"해가 진 다음에는 도시에 백인만(Whites Only Within City Limits After Dark)"
이라는 표지판이 붙어져 있는 곳이 '해넘이 동네'의 전형적 예이다.

유색 인종을 함부로 대하는 곳이 '해넘이 동네'라고 이해하면 된다. 영화
에서는 반복해서 어떠한 괴롭힘이 있을 수 있는지 자세히 설명한다. 경찰이 차
를 세우고 시비를 건다든지, 술집에서 맞는다든지 하는 것이 흔히 생각할 수
있는 예이다.

다음은 2020년 1월 기준 위키피디아에 나오는 '해넘이 동네'이다. 현재는
'해넘이 동네'가 아닐 수도 있다고 홈페이지에 명시되어 있다.

저자 개인적으로는 현재에도 '해넘이 동네'일 가능성이 크다고 생각한다.

백인 구성 비율이 100%에 가까우면 위험한 곳이라고 쉽게 확인해 볼 수
있다.

당연히 흑인뿐 아니라 한국인도 적극적으로 피해야 할 곳이다.

또 한 가지 흥미로운 점은 남부와 북부를 가리지 않고 존재한다는 것이다.

Sundown town

A

Appleton, Wisconsin

Arab, Alabama

C

Celina, Tennessee

Crossville, Tennessee

Cullman, Alabama

Cumming, Georgia

D

Darien, Connecticut

E

Edina, Minnesota

F

Fitzgerald, Georgia

Forsyth County, Georgia

G

Gulfport, Florida

H

Hoboken, New Jersey

I

Inman Park, Georgia

K
Kennewick, Washington

L
La Crosse, Wisconsin
Lemmon, South Dakota
Levittown, Pennsylvania

M
Melvindale, Michigan
Mize, Mississippi

N
New Market, Iowa
Norris, Tennessee
North Tonawanda, New York

O
Ocoee, Florida
Owosso, Michigan

P
Pollock, Louisiana

S
Sheboygan, Wisconsin

T
Tempe, Arizona

V
Vidor, Texas

W
Waterloo, Iowa
Willingboro Township, New
 Jersey
Wyandotte, Michigan

Z
Zephyrhills, Florida

1999년도에 저자가 미시간에 있을 때는, 이러한 '해넘이 동네'가 분명히 근처에 있었다.

'얼굴이 검은 상태로 운전하던(DWB: Driving While Black)' 친구가, 인근 도시로 차를 몰고 갔다 경찰에게 수모를 당한 적이 있다.

"이 동네에 당신 같은 사람은 오면 안 된다"라는 것이 경찰의 마지막 말이었다.

03

토착민 제거

CHAPTER 03. **토착민 제거**

노예제에서 비롯된 인종차별과 함께 현재 미국 공간을 형성해 온 것이 토착민 제거이다. 이러한 가해의 역사를 만들어 간 주인공은 물론 유럽에서 건너온 백인이다.

흑인과 토착민은 사회적 약자라는 공통점을 가지고 있지만, 다른 역사적 경험을 거친 만큼 차이점도 크다. 현재 살아가는 공간도 다르며 생활도 다르다.

1860년대 흑인은 노예 신분에서 벗어난다. 그리고 1960년대 이후 흑인은 어느 정도의 정치적 승리를 쟁취한다. 미국 대도시의 흑인 시장은 그리 드물지 않다.

흑인 중 일부는 미국 중산층에 편입한다. 하지만 아직 흑인 상당수는 도시 빈민이다. 삶은 어렵고 위험하다.

1930년대가 되어서야 토착민을 짓누르는 적대행위가 멈춘다. 여기서 적대행위란 땅을 뺏고 전통을 없애기 위해 저지른 여러 가지가 포함된다.

이 모든 게 합쳐지면, 토착민 제거 과정은 '인종청소(ethnic cleansing)'라는 교과서적 개념에 도달한다.

저자는 적대적 행위 중단 이유를 원래 뺏으려 생각한 것을 거의 다 뺏었기 때문이라고 이해한다. 물론 강탈 과정에서의 비용과 피로감도 한몫 한다. 언제나 전쟁은 비싼 비용이 수반된다.

먼저 시간을 생각해 보자.

3.1
300년간의 토착민 제거

토착민 제거는 엄청난 시간이 걸린 작업이다. 미국 역사 그 자체이기 때문에 약 300년이 넘는다고 볼 수 있다.

시작은 1607년에 만들어진 '제임스타운(James Town)'이며 영국에서 온 이주자의 첫 영구적 정착지이다. 버지니아 '체서피크 만(Chesapeake bay)'에 위치하고 있다.

그림 3-1 제임스타운 위치[1]

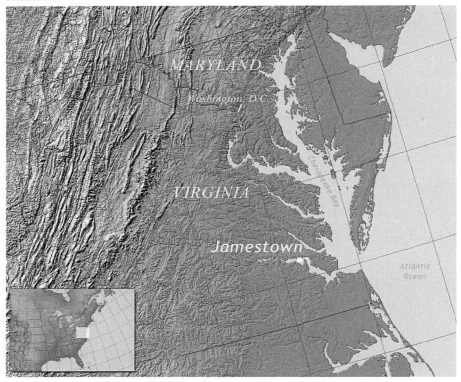

1 Aude – self-made, map data from National Atlas (USGS) Uploaded: 4 May 2007
https://en.wikipedia.org/wiki/Jamestown,_Virginia#/media/File:Location_of_jamestown_virginia.jpg

<u>그림 3-2</u> 1614년 제임스타운 모습[2]

제임스타운 초창기에 온 사람들에 대한 묘사를 보면, 토착민 제거에 앞장선 가해자의 성격을 알 수 있다. 인용문에 나오는 해클루트(Richard Hakluyt, 1552~1616)는 식민지 개척에 대한 글을 쓰는 영국 작가이다.

> 1607년 마침내 체서피크만에 영국의 식민지 전초기지인 제임스타운이 설립되었고, 이후 정착민들이 현장에서 겪는 어려움을 통해 해클루트의 식민지 건설 청사진에 전반적인 오류가 있음이 밝혀졌다 ⋯ 우선, 사회적 관행이 존재하지 않았다 ⋯ 사람들은 굶주리면서도 일을 하지 않고 빈둥거렸다. 가혹한 법이 강요되었다. 채소를 훔치거나 신성모독을 하면 사형으로 벌할 수 있었다.

> 노동자와 그들의 자녀는 사실상 상품, 즉 실적적인 노예였다 ⋯ 군대의 여러 지휘관이 강제 노동 체제를 강요했다. 신생 식민지를 포로수용소로 바꿔버린 것이다.

> 그러나 제임스타운을 찾은 사람들은 금광 발견으로 일확천금을 꿈꾸는 이

---

2 Artist conception of aerial view of Jamestown, Virginia 1614
   Created: 28 November 2016
   https://casc.usgs.gov/content/safeguarding-our-cultural-past-future-climate-change-scientists-work-protect-cultural Sidney King
   https://en.wikipedia.org/wiki/Jamestown,_Virginia#/media/File:Colonial_Jamestown_About_1614.jpg

들이었고, 따라서 힘든 노동을 견딜 각오도 없었다 … 1611년 새로운 집단이
도착했고, 전임자들의 '느려터진 게으름'에 '짐승 같은 나태함'을 비난했지만
그들 역시 나을 것은 없었다. 해클루트의 생생한 표현을 인용하자면 버지니아
에는 '원기 왕성한 남자'는 거의 없었다.

자발적으로 밖으로 나가 나무를 베고, 집을 짓고, 땅을 경작하고, 물고기를
잡고, 야생동물을 사냥할 사람들을 찾기는 여전히 어려웠다. 초기 제임스타운
남자는 카드 게임을 하고, 불쾌한 선원들과 각종 거래를 하고, 인디언 여자들
을 강간하는 데 탐닉했다(아이젠버그, 2019:66~67).

첫 전쟁(Anglo-Powhatan Wars)이 일어나는 데는 얼마 걸리지 않는다. 1610
년에 시작된 이 충돌은 추장 '포우하탄(Powhatan)'의 납치된 딸로 더 유명하다.
만화 영화 주인공으로도 나온 '포카혼타스(Pocahontas)'이다.

3.2
용어의 문제: "American Indian removal"

이러한 약탈 과정을 학계에서는 '아메리카 인디언 제거(American Indian
removal)'라고 부른다.

이 책에서는 가능하면 '아메리카 인디언(American Indian)'이라는 표현 대신
'토착민'이라는 표현을 쓴다.

대부분 알다시피 미국에 있는 '인디언'은 '인도 사람(Indian)'과 별 관계가
없다. '동인도(East Indies)', '서인도(West Indies)' 같은 단어는 식민지를 만든 백
인 제국주의 착취 과정에서 나온 표현이다.

'인디언(Indian)'은 나쁜 의미로 사용된다. 가장 끔찍하면서도 아직도 이런
저런 상황에서 활용되어 쓰이는 표현은 다음과 같다.

좋은 인디언은 죽은 인디언 뿐이다.

"The only good Indian is a dead Indian"

두 번째는 '제거(removal)'라는 표현이다. 'Indian removal'이 '인디언 이주'로 표현되는 것은 명백한 오역이다.

'이주(移住)'는 새와 동물이 움직이고 다른 곳에서 살아간다는 의미에서 파생된 'migration'에 해당하는 표현이다. 이는 더 나은 환경을 위한 자발적인 움직임을 의미한다.

여기서 '제거'라는 표현을 쓰는 것은 제거 과정이 '인종청소(ethnic cleansing)'이기 때문이다.

Dona Martinez가 2019년 펴낸 *Documents of American Indian Removal*이라는 책(xi)에서는 이렇게 표현한다:

> 인디언 제거는 일종의 인종청소이다. 인디언은 자기 땅에서 제거되고 백인과 다른 곳에 살게 된다.

> **Indian removals were a form of ethnic cleansing that removed indians from their lands to live in regions separate from whites.**

제거의 방법은 여러 가지이다. 여기서 몇 가지를 살펴보자. 약탈을 두려워해서 자발적으로 옮겨가는 것도 제거에 포함된다.

백인이 자신이 원하는 땅에서 토착민을 몰아내는 것도 전형적 제거이다.

조약에 의한 전형적 '토지 양도(land cession)' 이외에도, 조약에 근거하거나 근거하지 않은 군대를 동원한 강제이주 역시 물리적 제거이다.

토착민 전통을 말살하려는 끈질긴 시도 역시 제거에 포함된다. 정체성을 없애면 토착민이라는 존재를 없애기 때문이다.

다시 잘못된 한국어 번역으로 돌아가 보자. 그러한 오류의 맥락은 무엇일까? 많은 미국 사람들이 가지고 있는 자신의 역사에 대한 몰이해와 마찬가지이다. 정의로운 백인 총잡이 영화가 실제 역사를 대체한다.

즉, 사실과 다른 역사 인식이다.

참고로 현재 미국 일상생활에서도 적절하고 또 공식적인 토착민에 대한 명칭은 'Native American'이다.

'인디언(Indian)'이라는 표현은 쓰지 않는다. 의도적으로 상대를 깔보려 할 때 동원되는 극단적 용어로 인식되기 때문이다.

이해를 돕기 위해, 제국주의 전쟁이라는 측면에서의 미국 토착민 투쟁을 먼저 살펴본다.

3.3
제국주의 전쟁(1815~1914)의 일부로서 토착민 제거

군사적인 맥락에서 보자면, 미국 토착민 제거는 제국주의 팽창의 결과물로 이해할 수 있다.

제국주의 전쟁사는 1815년에서 1914년이다. Penguin Randon House에서 2012년 발간한 *The Military History Book: The Ultimate Visual Guide to the Weapons that Shaped the World*에 나오는 내용이다. 연도의 의미는 책에서 설명하지 않는다.

저자의 이해는 다음과 같다. 1815년도는 나폴레옹이 패배한 워털루 전투의 해로 보인다. 1789년 프랑스 혁명부터 1815년 워털루 전투에 이르는 유럽 전쟁 이후를 의미하는 듯하다. 유럽 국가끼리의 싸움이 끝나고 밖으로 눈을 본격적으로 돌리는 시기로 보인다. 1914년도는 1914년부터 1918년까지 계속된 제1차 세계대전이 시작된 해로 추정된다.

이 시기는 기술적 산업적 변화와 함께 한다(Dorling Kindersley, 2012:218−219). 강력하고 빠르게 재장전 되는 무기는 살상력을 키운다. 철도는 손쉬운 병력과 물자의 수송을 의미한다. 전보, 전화, 라디오는 의사소통 수단을 혁명화한다. 전쟁은 하늘과 바다로 확장된다.

이러한 변화는 제국 군인과 토착민의 싸움을 일방적으로 만든다.

저자가 표현하자면, 토착민의 승리는 단편적이고 일시적이다. 반면에 궁극적 승리는 선진 근대 세력이 차지한다.

사실 이 책은 북미 토착민에 대해서도 자세히 설명하지 않는다. 가장 대표적인 전투가 부각될 뿐이다.

설명은 다음과 같다(Johnes, 2012:240):

영토를 서쪽으로 확장하면서, 1860년대에서 1880년대까지 미국은 '대평원 토착민 부족(Plains Indian tribes)'과 싸운다. Sioux, Cheyenne, Arapaho가 대평원 부족의 예이다.

'연발소총(repeater rifle)'[3]과 강철 검과 같은 현대 무기로 이들 부족은 무장하기도 한다. 하지만 활이나 창 같은 전통적 무기로 싸울 때 가장 잘 싸운다.

1876년 6월 전투(General George Custer 7th US Cavalry, Little Bighorn)와 같은 큰 패배를 상대에게 안기기도 했지만, 대부분 게릴라 전투 형식의 소규모 습격과 매복이 대부분이다.

미국군은 잔인하고 또 효과적인 대반란(對反亂, Counter Insurgency) 전술을 펼친다. 원주민 부락을 공격하고 식량 보급을 무너뜨리는 것이다.

저자가 보기에 중요한 점은, 이러한 양상이 제국시대 전쟁이라는 공통점이다. 당시 지구 다른 곳에서 벌어지고 있는 비극과 비슷한 양상을 미국 대평원 전투는 가지고 있다.

이 장에서는 인용문에서 나온 1876년 '리틀 빅혼(Little Bighorn)'에 대해 자세히 설명한다.

그 이전에 잠시 비슷한 맥락의 전투를 살펴보자. 미국이나 영국과 같은

---

3 연발총(repeater) 또는 연발소총(repeating rifle)은 단일총신 소총으로서, 다수의 탄약을 클립이나 탄창의 형태로 총기 내부에 수납하고, 발사 직후 수동 또는 자동으로 차탄을 장전시킬 수 있는 소총이다.
리볼버나 레버액션, 볼트액션, 펌프액션 같은 기계장치로 수동 장전을 하는 것도 연발총이고, 반동이나 블로우백을 이용한 반자동소총도 연발총의 일종이다. 다만 일반적으로 연발총이라고 하면 수동 연발총을 말한다.
연발총은 후장식 단발총이 진보한 것으로서, 단발총에 비해 같은 시간 동안 월등히 더 높은 화력을 투사할 수 있다. 연발총은 1860년대 미국 내전 때 널리 사용되기 시작했다. 제식무기로 사용된 연발공기총은 지란도니 공기총이 최초였다. 출처: 위키피디아 사전

그림 3-3 줄루 부족의 주거지4

남아프리카
공화국

제국주의 국가와 토착민의 싸움이다.

〈그림 3-3〉은 북미에서 한참 떨어진 아프리카 최남단이다. 오른쪽에 짙은 색으로 표시된 곳이 남아프리타 공화국 9개 주 가운데 하나인 '콰줄루나탈 (KwaZulu-Natal)'이다. 역사적 '줄루(Zulu)' 부족 주거지와 현재 줄루 언어 사용자 지역이라는 두 기준에 상당히 일치한다.

북미 토착민과 마찬가지로 줄루 부족은 군사적 성공을 거두기도 한다. 샤카 (Shaka kaSenzangakhona) 혹은 샤카 줄루(Shaka Zulu, 1787~1828)의 개혁에서 성공

4　The Province of KwaZulu-Natal in South Africa Author: TUBS Date: 23 November 2011 진한 색으로 표현된 곳이 줄루 부족 근거지이다.
　https://commons.wikimedia.org/wiki/File:KwaZulu-Natal_in_South_Africa.svg

방정식은 시작한다.

찌르는 창(iklwa), 쇠가죽 방패, 그리고 포위 전술은 아프리카 대륙에서 보지 못한 효율적 살육을 만든다. 〈그림 3-4〉의 줄루 전사 사진을 보면 찌르는 창이 어떤 것인지 이해할 수 있다.

기존 유럽 정착민을 내몰고 아프리카 남단을 차지한 영국군은, 1879년 1월 줄루 부족에게 큰 패배를 당한다(The battle of Isandlwana). 안일하게 싸움에 임한 1,500명 병력은 전멸당한다.

하지만 결국 최종적 승리는 화력을 대대적으로 보강한 영국군에게 돌아간다.

1879년에 7월에 결정적 전투(The Battle of Ulundi)가 벌어지는데, 돌진하는 줄루 전사에게 기관총이 사용된다.

〈그림 3-5〉가 바로 개틀링 기관총이다.

5 Title: Through Veld and Forest: An African Story
   Author: Harry Collingwood   Illustrator: Arch. Webb   Published: 1898
   https://commons.wikimedia.org/wiki/File:Zuluchargegutt.jpg

그림 3-5 개틀링 기관총[6]

　　제국주의와 지역 세력의 충돌은 화력이 비슷할 경우에는, 다른 양상을 보이기도 한다. 보어인과 영국인과의 충돌을 살펴보자.

　　'보어(Boer)'는 네덜란드어로 '농부'를 의미한다. 주로 네덜란드어를 사용하고, 18세기와 19세기에 아프리카 남단에 정착한 유럽인을 지칭한다.

　　제2차 보어전쟁[7]은 〈그림 3-6〉의 보어공화국(Transvaal, Orange Free State)과 아프리카 최남단 지역(Cape Colony)에 주둔한 영국군과의 충돌이다.

6　Gatling gun 1876 Model, displayed by the National Park Service at Fort Laramie in Wyoming (taken 5 October 2004) Matthew Trump
　　https://commons.wikimedia.org/wiki/File:Gatling_gun.jpg

7　'보어전쟁'이란 표현은 보통 '제2차 보어전쟁'을 의미한다. 영어 표현은 다음과 같다. Boer War, Anglo-Boer War, South African War이다.

그림 3-6 제2차 보어전쟁의 지리적 배경[8]

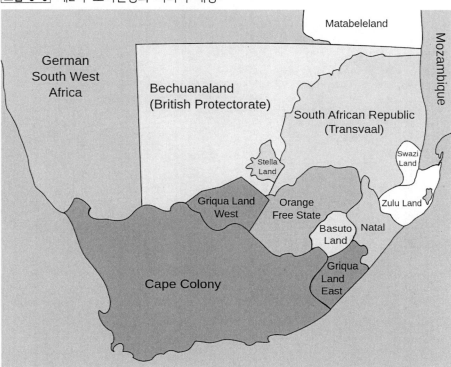

보어인과 영국군은 팽팽함이 다르다. 수적으로 열세인 지역 세력의 보어인은 유격전술을 구사한다. 지형에 익숙하고 또한 평소에 사냥으로 단련된 사격 솜씨로 당시 세계 최강이라는 영국군을 당황하게 만든다.

---

8 Map of South Africa in July 1885, showing British possessions and protectorates, the two Boer Republics, besides German South West Africa and Portuguese Mozambique, bordered by the Atlantic and Indian Oceans
Date: 2011, Author: John George Bartholomew
https://commons.wikimedia.org/wiki/File:SouthAfrica1885.svg

그림 3-7 보어 병사[9]

9 Boer guerrillas during the Second Boer War
https://en.wikipedia.org/wiki/Second_Boer_War#/media/File：Afrikaner_Commandos2.JPG

여기에 어느 정도 비슷한 수준의 무장이 전장에 긴장감을 불어 넣는다. 양측 모두 소총과 기관총으로 무장한 상태에서의 충돌은 피바다를 만든다(Dorling Kindersley, 2012:241).

제국주의의 잔인함은 다른 곳과 마찬가지이다. 영국군은 난처한 상황을 '대반란(對反亂, Counter Insurgency) 전술'로 타개한다.

북미 토착민에게 미국인이 행한 만행과 같다. 주민 부락을 공격하고 보급선을 끊는 것이 동일하다.

집을 불태우고, 여자와 아이를 수용소에 가둔다. 수용소의 열악한 환경으로 수많은 사람들이 죽어나간다.

〈그림 3-8〉에서 〈그림 3-9〉까지가 이를 보여준다.

그림 3-8 대진압 작전: 집 불태우기10

10 One British response to the guerrilla war was a 'scorched earth' policy to deny the guerrillas supplies and refuge. In this image Boer civilians watch their house as it is burned.
Source: unknown https://commons.wikimedia.org/wiki/File:VerskroeideAarde1.jpg

그림 3-9 수용소에서 굶어 죽는 아이[11]

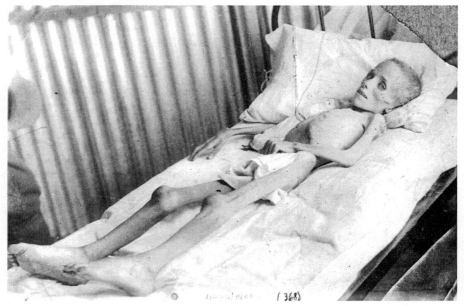

이러한 잔인함은 효과가 있다. 1899년 시작한 전쟁은 1902년에 끝난다.

다시 말하지만, 독자 이해를 위해 제국주의 전쟁이라는 맥락을 여기서 사용하였다.

하지만 무력 충돌인 전쟁은 미국 토착민이 받은 여러 고통 가운데에서 단지 하나에 불과하다. 일본 제국주의 치하의 한국을 생각해 보면 이해가 쉽다.

일방적 민간인 학살이 더 일반적이다. 이는 전통과 문화 말살도 일상적으로 벌어지는 비극이다.

이제 미국의 각 지역과 토착민을 연결시켜 설명하려 한다. 이러한 과정에서 비극의 총체성을 조금씩 같이 언급하려 한다.

---

11 Lizzie van Zyl, a Boer child, visited by Emily Hobhouse in a British concentration camp
  Source: unknown
  https://commons.wikimedia.org/wiki/File:LizzieVanZyl.jpg

3.4
북서부(Northwest)

미국에서 북서부는 공식적인 명칭이 아니다. 미국의 대표적 공식적 지명 체제로는 두 가지가 먼저 생각난다. 상무부 산하 통계국의 지역과 교통부의 표준 시간대이다. 〈그림 3−10〉과 〈그림 3−11〉에서 북서부가 없다는 것을 알수 있다.

그림 3-10 통계국 지역 분류[12]

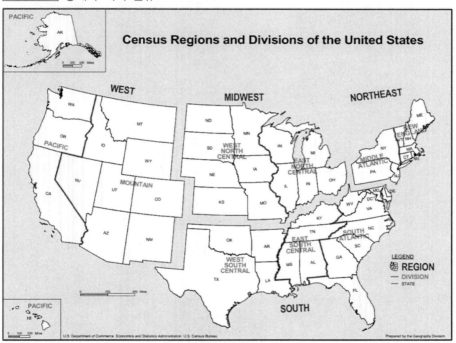

12 https://www2.census.gov/geo/pdfs/maps-data/maps/reference/us_regdiv.pdf

그림 3-11 교통부 표준 시간대[13]

하지만 일상생활에서의 사용은 쉽게 찾아 볼 수 있다. 'Northwestern University, Northwest Airlines'이 대표적이다.

노스웨스턴 대학교는 일리노이에 위치한 학교이다. 노스웨스트 항공은 지금은 델타항공에 흡수되었지만, 미네소타에 기반을 둔 항공사였다.

'북서부(Northwest)'는 토착민 제거 과정에서 나온 이름이다. 현재 다섯 개의 주 '위스콘신(WI), 일리노이(IL), 인디애나(IN), 미시간(MI), 오하이오(OH)'와 '미네소타(MN)' 북동부에 해당한다. 〈그림 3-10〉과 비교해 살펴보면 이해가 쉽다.

1787년 만들어진 '북서부 조례(Northwest Ordinance)'가 이러한 땅 이름을 낳는다. 'An Ordinance for the Government of the Territory of the United States, North-West of the River Ohio'라는 공식적인 이름에서 토착민 축출의

---

13 https://en.wikipedia.org/wiki/Time_in_the_United_States#/media/File:US-Timezones-post-2007.png

그림 3-12 북서부 준주[14]

양상을 알 수 있다.

　〈그림 3-12〉에 나오는 북서부 땅을 토착민으로부터 백인이 빼앗는 내용이 바로 북서부 조례이다.

　북서부 영토 경계를 이루는 강은 두 개이다. 미네소타에서 시작하는 미시시피강은 남쪽으로 흐르고 멕시코만에서 바다를 만난다. 오하이오강은 펜실베이니아 서쪽에서 시작하여서 서남쪽으로 흐르다 미시시피강과 합류한다. 〈그림 1-11〉을 다시 살펴보면 자세히 알 수 있다.

　〈그림 3-12〉에 나오는 '준주(準州)'는 영어 territory에 대한 일반적 번역이다. '준주(territory)'와 '주(state)'의 차이는 다음과 같다(Jacquin, 2005:83). 인용문에 나오는 1787년 법령은 이 책 부록 1에 있는 Northwest Ordinance이다.

_____

1787년 북서부에서 인구 6만 명 이상의 준주(準州)는 주로 승격될 수 있다는 법령이 발표된다. 그러나 이 결정은 이 같은 제도적 변화를 승인할 수 있는 유일한 권력 기관인 국회에 달려 있었다.

준주는 국회가 임명하는 주지사와 그 보좌관, 세 명의 판사가 다스린다. 성년에 이른 백인 남성이 5만 명 이상 되면 선거를 통해 주 의회가 구성되고, 이 주 의회는 워싱턴에 입회 감독인들을 보낸다. 여기에 주민이 1만 명 이상으로 집계되면 준주는 공식적으로 국회에 허가 신청을 낼 수 있고, 준주는 새로운 주로 승격되는 것이다.

이렇게 해서 네브래스카가 1867년에 주가 되었고, 1872년에는 콜로라도가, 1889년에는 몬태나가 주가 되었다. 와이오밍은 1890년에 이르러서야 주로 승격되었다.

미시시피강과 오하이오강보다 더 중요한 것은 사실 애팔래치아산맥이다. 〈그림 3−13〉에 나오는 애팔래치아산맥은 북서부 영토의 동쪽 경계를 이룬다.

이 산맥은 영국과 정착민 간 갈등의 경계선이기도 하다. 영국 제국은 토착민과 백인 정착민의 갈등을 통제하려 한다. '조지 3세(King George III)'는 백인 정착을 애팔래치아산맥 동쪽으로 한정하는 '1763년 선언선(Proclamation line of 1763)'을 발표한다.

산이 기준이 되는 이유가 있다. 강물이 동쪽인 대서양으로 흐르는 땅과 서쪽인 미시시피강으로 합류하는 땅을 분리하기 때문이다. 이러한 강 흐름의 자연적 기준이 애팔래치아산맥이다.

이러한 조치는 부동산 강탈과 투기를 노리는 백인 정착민의 분노를 불러일으킨다.

이 결과로 1장에 나오는 미국 독립전쟁이 발발한다.

그림 3-13 애팔래치아산맥[15]

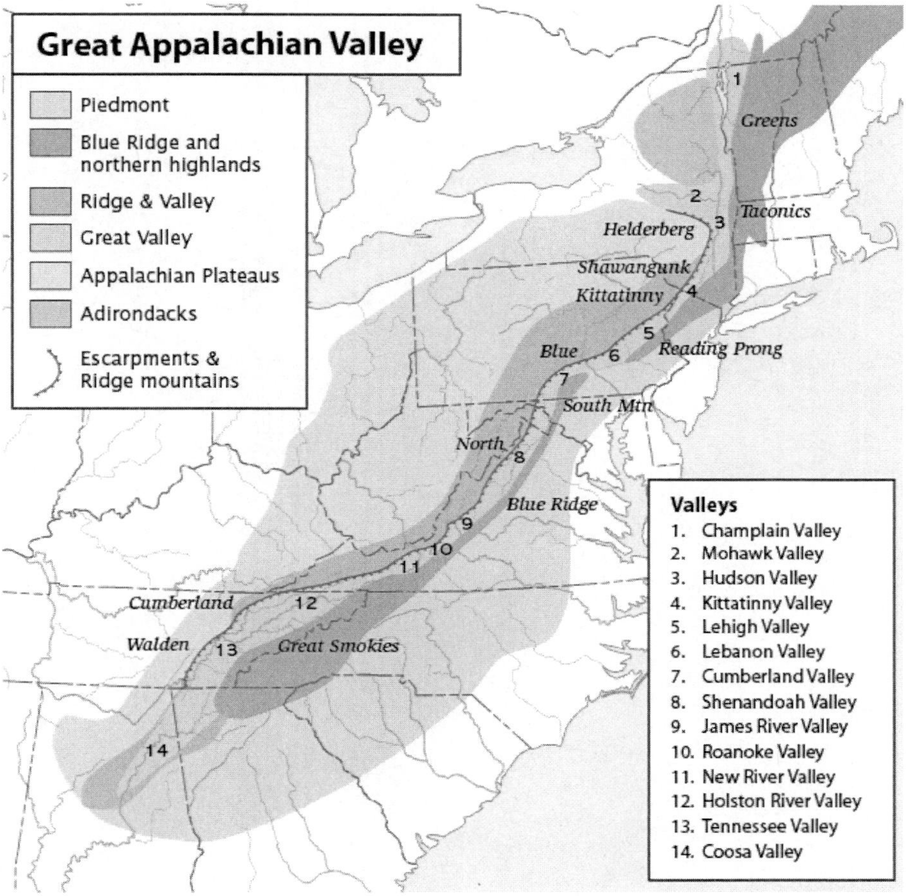

Great Appalachian Valley

- Piedmont
- Blue Ridge and northern highlands
- Ridge & Valley
- Great Valley
- Appalachian Plateaus
- Adirondacks
- Escarpments & Ridge mountains

Greens
Taconics
Helderberg
Shawangunk
Kittatinny
Reading Prong
Blue
South Mtn
North
Blue Ridge
Cumberland
Walden
Great Smokies

Valleys
1. Champlain Valley
2. Mohawk Valley
3. Hudson Valley
4. Kittatinny Valley
5. Lehigh Valley
6. Lebanon Valley
7. Cumberland Valley
8. Shenandoah Valley
9. James River Valley
10. Roanoke Valley
11. New River Valley
12. Holston River Valley
13. Tennessee Valley
14. Coosa Valley

---

15 Map of the Appalachian Mountain physiographic regions, highlighting the Great Appalachian Valley, naming the main valleys making it up and the main mountains on either side.
Author: Greatvalley-map.jpg: Pfly, Derivative work: Perhelion (talk)
Source: Greatvalley-map.jpg
https://commons.wikimedia.org/wiki/File:Greatvalley-map.png

그림 3-14 1763년 선언선(Proclamation line of 1763)[16]

Boundary between Mississippi River and
49th parallel uncertain due to misconception that
source of Mississippi River lay further north

1775

---

16 A portion of eastern North America; the 1763 "proclamation line" is the border between the
red and the pink areas. Eastern North America in 1775: The map shows part of the British
Province of Quebec, the British thirteen colonies on the Atlantic coast, the interior Indian
Reserve, and parts of New Spain. Some colonies claimed land further west, but only the

그림 3-15 1789~1790년 사이 미국 '주(state)', '준주(territory)'[17]

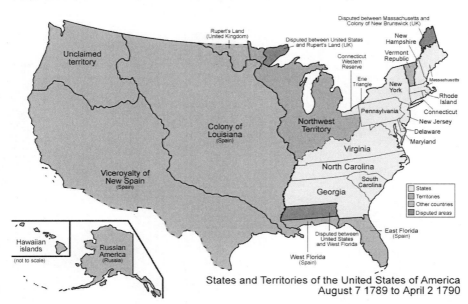

States and Territories of the United States of America
August 7 1789 to April 2 1790

3.5
북서부와 이로쿼이 연방(iroquois confederacy)

우리는 저항하기에는 수가 너무 적고, 그냥 죽기엔 너무 많다.

- 핸드릭(1692~1755), 모호크족 추장

- 출처: Wright(2012:514)

---

areas shown in red were legally open to settlement by European-Americans, due to the Royal Proclamation of 1763). Created: 1 January 1775
https://en.wikipedia.org/wiki/Royal_Proclamation_of_1763#/media/File:Map_of_terri-torial_growth_1775.jpg

17 Map of the states and territories of the United States as it was on August 7, 1789, when the Northwest Territory was first organized, to April 2, 1790, when the future Southwest Territory was ceded by North Carolina. Made by User: Golbez. - Own work. Uploaded: 2007
https://en.wikipedia.org/wiki/Northwest_Territory#/media/File:United_States_1789-08-1790-04.png

그렇다면 당시 북서부에 살던 토착민은 누구일까? 바로 '이로쿼이(iroquois)'라고 불리는 부족과 다른 여러 부족이다.

여기서는 이로쿼이 부족에 집중한다.

이로쿼이는 처음부터 북서부에 자리 잡고 있지는 않았고, 북서부 동쪽에 자리 잡고 있었다.

1648년경 토착민 분포를 나타낸 〈그림 3-16〉에 나오듯, 오하이오강 동쪽이며 오대호 중 하나인 '온타리오 호수(Lake Ontario)' 남쪽에 터전을 잡고 있었다.

그림 3-16 1648년경 주요 부족 위치[18]

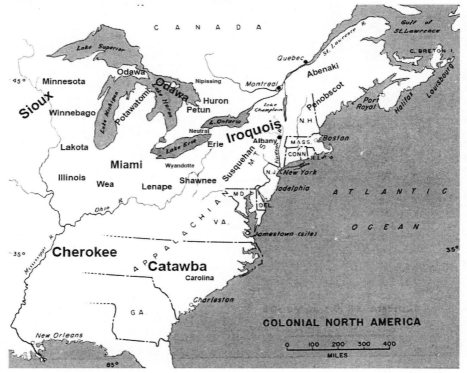

18 Charles Edward - Own work Map of the location of major tribes involved in the Beaver Wars laid against a period map showing colonial settlements Created: 15 November 2008 https://en.wikipedia.org/wiki/Beaver_Wars#/media/File:Beaver_wars_map.jpg

이로쿼이 부족은 '이로쿼이 연방(iroquois confederacy)' 혹은 '다섯 개의 부족(five nations)'이라고도 불린다. 이후에 '여섯 개의 부족'으로 확대된다.

이 과정은 〈그림 3−17〉과 〈그림 3−18〉이 잘 보여준다.

그림 3−17 다섯 개의 부족[19]

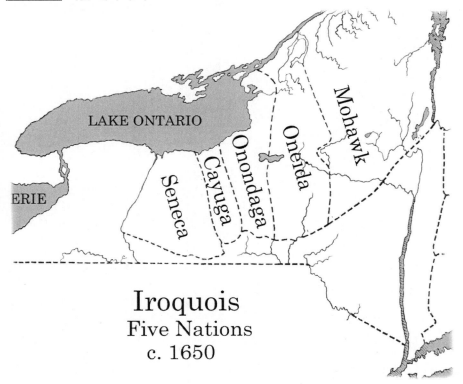

Iroquois
Five Nations
c. 1650

19 R. A. Nonenmacher − w:Image:Iroquois 5 Nation Map c1650.png
Iroquois Five−Nations map c.1650 Created: 1 January 2004
https://en.wikipedia.org/wiki/Iroquois#/media/File:Iroquois_5_Nation_Map_c1650.png

그림 3-18 여섯 개의 부족[20]

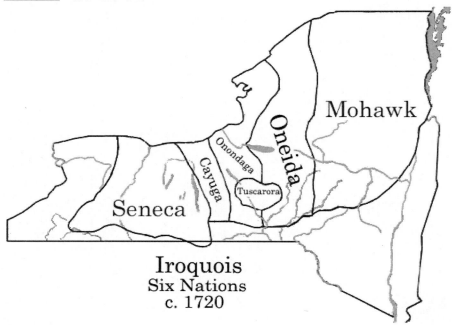

이후 비버 가죽 교역권 확보를 위해 북서부 땅에 대한 영향력을 확보한다. 〈그림 3-19〉와 같이 세력을 확장한다.

먼저 이들에 대해 이름부터 달리 부를 필요가 있다. '이로쿼이'는 유럽인이 자기 멋대로 부른 이름에 불과하다.

'호디노쇼니(Haudenosaunee)'가 이 토착민이 자신을 부르는 이름이다. 우리말 발음이 제대로 정립되어 있지 않아, 동영상을 듣고 발음기호를 참조하여 들리는 대로 적었다. 위키피디아 발음기호는 "hoʊdənoʊˈʃoʊni"이다.

뜻은 '기다란 집을 짓는 사람(people of the long house)'이다. 〈그림 3-20〉에 나와 있다.

20 R. A. Nonenmacher − w:Image:Iroquois 6 Nations map c1720.png
Mapa de la Confederació Iroquesa el 1720   Created: 1 January 2004
https://en.wikipedia.org/wiki/Iroquois#/media/File:Iroquois_6_Nations_map_c1720.png

그림 3-19 비버 전쟁을 통한 영향력 확장[21]

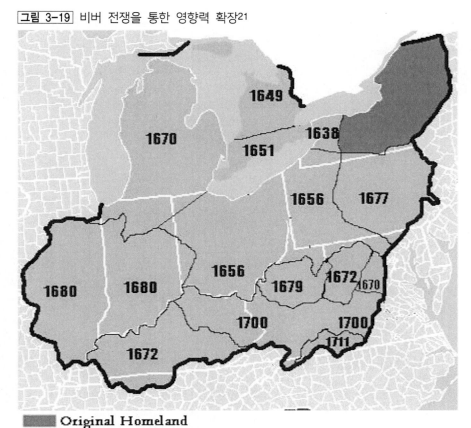

Original Homeland

Expansion of Five Nations Territory during the Beaver Wars

21 Shows Iroquois expansion during Beaver Wars 1638–1711
Codex Sinaiticus – map is Own work; data taken from Jesuit Relations and English colonial
records   Created: 13 October 2011
https://en.wikipedia.org/wiki/Iroquois#/media/File:5NationsExpansion.jpg

그림 3-20 기다란 집[22]

'기다란 집을 짓는 사람'은 우리가 가지고 있는 '싸우는 인디언'이라는 단순한 편견을 넘어선다.

여기에서는 협상하는 모습을 볼 수 있다(Wright, 2012:208~9):

이로쿼이 연방의 외교 전략은 프랑스와 영국이라는 두 강대국으로 하여금 자신의 의도를 알아채지 못하게 하고, 교역에서는 최대한 이익을 확보하고, 땅은 될수록 적게 내주며, 백인 무단 정착민들을 최대한 오래 궁지에 몰아넣는다는 것이다 …

이로쿼이 관련 회담 기록과 의사록을 보면 백인들은 어쩔 수 없이 이로쿼이 연방의 외교 의례를 따랐음을 알 수 있다. 백인들은 이로쿼이 인디언이 사용

---

22 Partially cut-away view of a model showing external appearance and construction of traditional Iroquois longhouse. Date: 19 May 2012, 13:20 〈American Museum of Natural History에서 찍은 사진으로 저자는 추정함〉
Author: Eden, Janine and Jim from New York City
https://commons.wikimedia.org/wiki/File:Exterior_view_of_traditional_Iroquois_longhouse.jpg

하는 많은 비유를 익혀야 했다. 이를테면 '평화의 나무를 심다', '길을 곧게 펴다', '집을 치운다'와 같은 표현이다. 이런 표현을 문서 제목과 삽화를 떠올리듯이 머릿속에 잘 기억해둬야 했다.

개중에는 영어 숙어가 된 것도 있다. 화해를 뜻하는 '손도끼를 땅에 묻다(bury the hatchet)'라는 표현이 대표적이다 …

영국인들도 자기네 표현을 하나 보탰다. 영국 국왕과 인디언 간의 유대를 상징하는 '언약의 사슬(covenant chain)'이라는 표현이었다. '길'을 곧게 펴야 하는 것처럼 이 끈도 녹슬지 않게 하고, 사랑의 손길로 문질러 광을 내고, 고리를 달아 더 잇고, 새 끈으로 더욱 새롭게 가꿔 나가야 한다는 뜻이다.

이렇게 북서부에 자리 잡은 토착민은 독립전쟁(1775~1783)을 계기로 영향력을 잃는다. 인용문에 나오는 '언약의 사슬(covenant chain)'이 갑자기 없어진 것이다.

토착민은 자신의 땅에서 쫓겨나고, 여기저기의 조그마한 보호구역으로 내몰리게 된다.

영국의 패배로 미국 정착민이 마구 몰려온 것이다. 백인 정착을 애팔래치아 산맥 동쪽으로 한정하는 '1763년 선언선(Proclamation line of 1763)'은 폐기된다.

'기다란 집을 짓는 사람'이 싸움에서 어느 편을 들었는지는 사실 크게 중요하지 않다. 여섯 개의 부족은 독립전쟁에서 분열한다. 대부분 부족은 땅 욕심이 상대적으로 적어 보이는 영국을 지원한다. 일부는 이런 저런 사정으로 미국 편을 든다. 하지만 미국 편을 든 토착민도 땅에서 내몰리기는 마찬가지이다.

영국은 전쟁에서 졌다. 이에 따라 토착민 제거가 빠르고 거칠게 진행된다. 토착민과 미국 정부 간의 대규모 무력충돌이 일어난다.

'북서부 조례(Northwest Ordinance(1787))'가 땅 뺏기의 근거가 된다. 오하이오강 북서쪽 땅의 관리에 대한 법이다.

미국을 이해하는 중요한 문서라서 부록 1로 첨부한다. 미국의 절대적 토지 소유권 형태를 이해할 수 있을 것이다. 지방 정부의 구성에 대해서도 알 수 있다. 또한 종교 자유, 교육 진흥, 노예제 금지 등의 내용을 담고 있다.

이 조례에 근거해 연방정부가 토지를 정비하고 개인에게 판매하기 시작한 최초의 사례가 'Seven Ranges'라 불리는 곳이다.

그림 3-21 오하이오주에서의 Seven Ranges 위치[23]

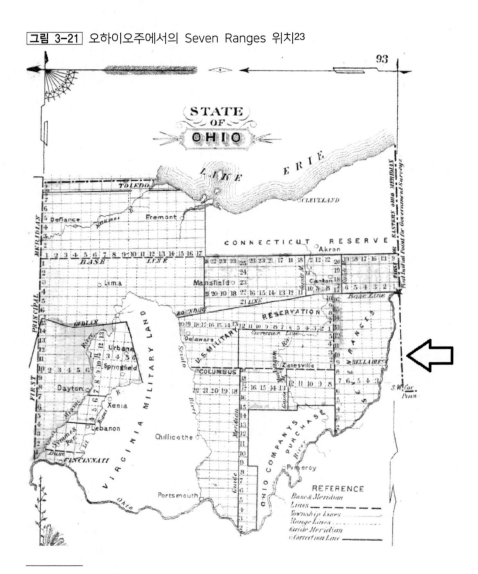

---

23 오른쪽에 화살표로 표시한 곳이 Seven Ranges이다.
   Subdivisions of the Public Lands, Described and Illustrated, with Diagrams and Maps, Higgins & Co., p. 93
   Date: 1887   Author: Jerome S. Higgins   Source: Higgins, Jerome S. (1887)

〈그림 3-21〉은 이 곳이 '오하이오(Ohio)'에 위치해 있는 것을 보여준다. 1장에서 조지 워싱턴 부동산 투자가 이루어진 곳으로 오하이오를 설명한 바 있다. 〈그림 3-22〉는 이 곳의 구획을 보여준다.

3.6
'조지아 금광 발견'과 '눈물의 길'

'눈물의 길(Trail of Tears)'이 시작된 원인은 황금이다. 1829년에 '조지아 금광 발견(Georgia gold rush)'이 일어난다. 〈그림 3-23〉은 조지아 금맥을 보여준다.

금이 가장 많이 나는 곳은 '체로키(Cherokee)' 부족 거주지이다. 세 개의 지도를 연결시켜 보면 이

그림 3-22 Seven Ranges 토지 구획[24]

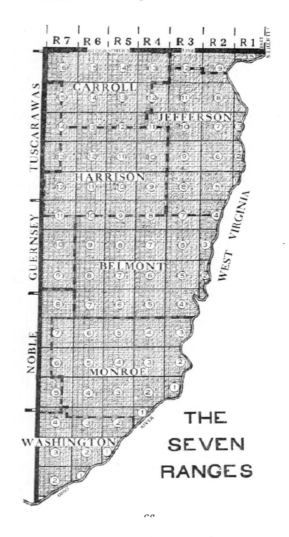

THE
SEVEN
RANGES

https://commons.wikimedia.org/wiki/File:Seven_in_Ohio.png

24 Description: a tract of land in Ohio called the Seven Ranges. Date: 1918
   Author: William E. Peters
   Source: Peters, William E. (1918) Ohio Lands and Their Subdivision, W.E. Peters, p. 66
   https://commons.wikimedia.org/wiki/File:Seven_Ranges.png

를 알 수 있다. 〈그림 3−23〉부터 〈그림 3−25〉까지이다.

　〈그림 3−23〉은 조지아 금맥이다. 가장 금이 많이 나온 Lumpkin이라는 곳에 저자가 두 줄을 그어 둔다.

　〈그림 3−24〉는 조지아주 행정구역이다. Lumpkin에 해당하는 약자 LU를 표기한다.

　〈그림 3−25〉는 눈물의 길 경로이다. '체로키(Cherokee)' 부족 거주지와 Lumpkin이 겹친다. 자세히 살펴보면 금맥의 상당 부분이 겹치는 것을 알 수 있다.

그림 3-23 조지아 금맥25

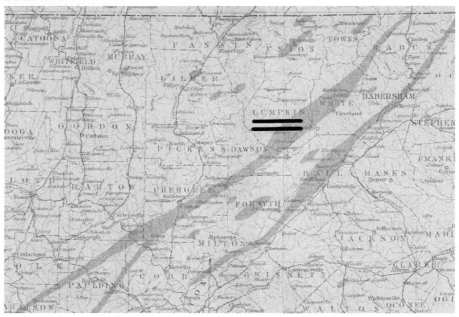

---

25 https://upload.wikimedia.org/wikipedia/en/6/66/Georgia_Gold_Rush_Deposits_Geological_Survey_Map.jpg

그림 3-24 조지아주 지도와 Lumpkin

그림 3-25 눈물의 길26

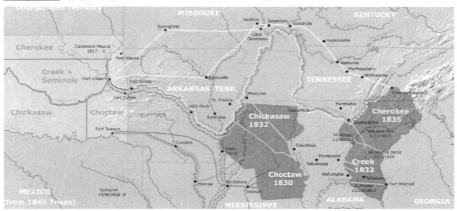

---

26 Description: Map of the route of the Trails of Tears — depicting the route taken to relocate Native Americans from the Southeastern United States between 1836 and 1839. The forced march of Cherokee removal from the Southeastern United States for forced relocation to the Indian Territory (present day Oklahoma). Date: 4 September 2007 Source: Own work by Nikater, submitted to the public domain. Background map courtesy of Demis, www.demis.nl and Wilcomb E. Washburn (Hrsg.) Handbook of North American Indians. Vol. 4: History of Indian–White Relations. Smithsonian Institution Press, Washington

그림 3-26 '눈물의 길' 국가 지정 옛길27

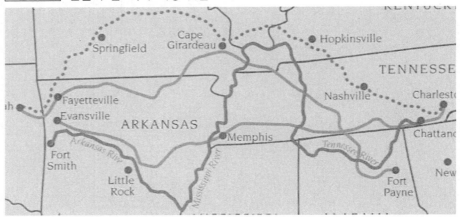

당연히 토착민과 몰려든 백인 광부가 충돌한다. 1830년 의회는 인디언 제거법을 통과시키고(부록 2 The Removal Act), 체로키를 비롯한 여러 부족에게 조약 서명을 강제한다.

그리고 강제 이주가 시작된다.

체로키족은 조지아에서 오클라호마로 쫓겨난다. 이 강제이주를 Wright(2012: 340)는 이렇게 묘사한다.

> 1938년 여름, 미국 육군은 가축몰이식 작전으로 체로키족 1만 6천 명을 한데 끌어 모은 다음 병균이 득실거리는 수용소에 집어넣어 몇 달간 강제 구금했다.

> 그해 가을 '눈물의 길(Trails of tears, 1838~1839)'이라고 불리는 강제 추

D.C. 1988. ISBN 0-16004-583-5

https://commons.wikimedia.org/wiki/File:Trails_of_Tears_en.png

27 점선이 육로이다. 영어 W 모양을 한 울퉁불퉁한 아래쪽 선이 배를 이용하는 길이다. 왼쪽부터 Arkansas River, Misissippi River, Tennessee River라고 적혀있다. 점선과 울퉁불퉁한 수로 사이 두 길이 그 밖의 주요 경로이다. 〈그림 3-25〉를 참조해서 보면 어느 부족이 어떤 길을 거쳐 간 것인지 알 수 있다.
https://commons.wikimedia.org/wiki/File:Trail_of_tears_map_NPS.jpg

방이 시작되었다. 체로키족은 미국 군대의 총칼에 떠밀려 굶주림과 동상에 시달리며 꽁꽁 언 숲과 대초원을 넘고 넘어 장장 1,600 킬로미터를 이동했다. 겨우내 언 발을 질질 끌며 걸었다. 이 때 인구의 4분의 1에 해당하는 4,000명 이상이 목숨을 잃었고, 대추장 존 로스의 아내 콰티도 이때 죽었다.

체로키 부족 역시 토착민에 대한 단순한 묘사와는 다르게 교육에 힘쓴다. 시쿼야(ᏍᏆᏱ, Sequoyah, 1770~1843)는 체로키 언어를 표기할 문자를 만든다. 바로 그의 이름 옆에 표기된 영어를 닮은 문자이다.

조지아에 기반을 둔 체로키 부족은 법률 투쟁에서 승리하기도 한다. 1832년 'Worcester v. Georgia' 대법원 판결이다. 조지아주와 체로키 부족 간의 갈등에서 체로키 부족의 손을 들어준 판결이다.

'인디언 국가(Indian State)'와 미합중국 관계는 국가 간 관계라는 판결이다. '주(州, state)'는 '인디언 국가(Indian State)'의 일에 관여할 수 없다.

당시 대통령인 '앤드류 잭슨(Andrew Jackson, 1767~1845)은 판결을 무시하고 서둘러 체로키 부족을 쫓아낸다.

체로키 부족 전체를 대표하지 못하는 일부 토착민과의 조약이, 그 빌미가 된다. 1835년 체결된 '뉴 에코타 조약(Treaty of New Echota)'이다.

3.7
대평원 물소의 멸종

'로키산맥(Rocky mountains)' 동쪽에서 '미시시피강(Mississippi)' 서쪽까지의 평원이 '대평원(great plains)'이다. 〈그림 3-27〉은 이를 잘 보여준다.

이 곳에 사는 토착민은 '대평원 인디언(plains indian)'이라 불린다.

그림 3-27 미국 대평원

그림 3-28 대평원 토착민[28]

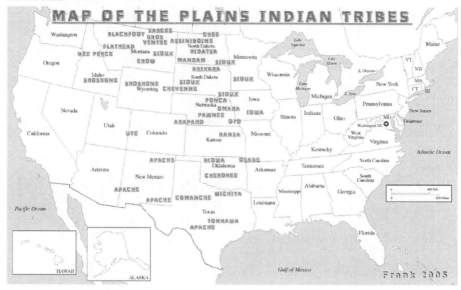

대륙 동서를 가로지는 철도 건설이라는 진보는, 토착민의 삶을 무너뜨린
다. Zimmerman(2001:29)는 다음과 같이 설명한다:

> 많은 인디언 부족들이 자신들의 영역에 '철마'가 들어오는 것에 저항했음에
> 도 불구하고, 1891년에 이르면 미국 전역을 가로지르는 네 개의 철로 그리고
> 캐나다를 횡단하는 캐나디언 퍼시픽 철도가 완성된다. 들소의 고기, 가죽, 뼈,
> 힘줄 등을 일상 생활의 중요한 자원으로 이용하던 대평원 인디언들에게 이것
> 은 실로 치명적인 영향을 미쳤는데, 기차를 탄 채로 하는 들소 사냥이 인기
> 있는 여행 상품이 되었기 때문이었다. 유니언 퍼시픽 철도와 센트럴 퍼시픽 철
> 도가 연결된 1869년과 1890년 사이에, 6백만에 이르던 들소의 숫자는 기차
> 를 탄 사냥꾼들로 인해 1천 마리 이하로 줄어들었다.

기차를 탄 백인이 '물소(buffalo)'를 사냥하는 모습을, 〈그림 3-29〉는 보여
준다.

---

28 https://sites.google.com/site/nativestudiesthroughart/plains-indians/mapofplainsindians

그림 3-29 기차와 물소 사냥[29]

Jacquin(1998:91-3)은 일어났던 일의 실체를 좀 더 잘 보여준다:

1843년을 대이동의 해로 부르게 된 것도 머나먼 서부로 향하는 수송 마차 행렬이 그해 처음으로 줄을 잇기 시작했기 때문이다. 식민지 주민들은 로키 산맥이라는 '장벽'과 인디언의 공격이라는 이중고에 시달리면서 5개월 동안 3200 킬로미터에 달하는 장거리를 강행군해야 했다 … 미시시피강 서쪽에는 로키산맥과 태평양 연안으로 가는 통행로가 두 개 있었다. 하나는 북쪽 길로 수족과 아라파호족의 영토를 경유하는 오리건 통행로였고, 다른 하나는 그보다 남쪽으로 샤이엔족의 거주지에 이르는 산타페 통행로였다.

먼 길을 지나는 동안 유럽인들은 대지에 문화를 정착시키고 울타리를 치면서 자연 상태인 이곳을 변형시켰다. 그 곳에 정착하거나 잠시 거쳐 가는 경우에도

---

29 The far west – shooting buffalo on the line of the Kansas-Pacific Railroad
Digital ID: (digital file from b&w film copy neg.) cph3c33890
Reproduction Number: LC-USZ62-133890 (b&w film copy neg.)
Repository: Library of Congress Prints and Photographs Division Washington, D.C. 20540
http://hdl.loc.gov/loc.pnp/cph.3c33890

식민지인들은 사냥감들, 특히 인디언의 주요 양식인 들소를 몰살시키곤 했다. 그래서 유럽인들이 지나가는 동안 수천 마리에 달하는 짐승들이 사라져갔다.

철도가 건설되면서 일꾼들의 식량 때문에 더욱 많은 짐승들이 학살되었다 … 들소 사냥꾼들은 들소의 가격에 아랑곳없이 새로운 '스포츠'로 들소 사냥을 적극 장려했다 … 1870년부터는 사냥꾼들이 오로지 가죽을 얻기 위해 사냥했다. 수백이 넘는 짐승의 사체들이 태양열을 받아 썩어 들어갔다. 가죽은 동부로 수송되어 모피로 가공되었다 … '들소신'의 종말은 다른 세계를 예고하는 것으로 인디언들은 선조들의 생활양식이 사라져가는 것을 목격해야 했다.

3.8
'수 부족(Sioux tribe)', '웅크린 황소(Sitting Bull)'

시팅 불은 관대함, 용기, 인내, 백인 침입에 대한 저항 등 인디언의 미덕을 고루 상징하는 대표적인 인물이다. 그는 10세의 나이에 들소의 새끼를 잡아 그 고기를 필요로 하는 사람들에게 나누어주는 관대함을 보였으며, 14세 때 처음으로 적을 공격해 제압함으로써 용감함을 증명했다고 한다.

그는 '강심장 전사(strong heart warrior society)' 일원으로 받아들여져서 위차사 와칸(wichasa wakan, 성자)으로 인정받았다. 훙파파 수족(Hungpapa sioux)의 수렵 구역에 백인들이 침입하자, 1863년부터 항전을 전개했고, 1876년에는 테톤 수 부족 연합(Teton Sioux Nation)의 대추장이 되었다.

1876년 시팅 불은 태양춤 축제 때 백인 군대에 대한 승리를 보여주는 계시를 받았다. 몇 주 후에 그는 라코타족과 샤이엔족 전사들을 함께 지휘하여 리틀 빅혼에서 커스터 장군의 부대를 전멸시켰다.

그는 자신의 부족을 캐나다로 이주시켰으나, 자신은 돌아와서 버펄로 빌의 대서부쇼와 함께 순회 공연을 다니다가 은퇴하여 보호구역에 정착했다. 1890년에 유령춤 운동 관련 혐의로 그를 체포하려는 부족 경찰관들에 의해 사살

당했다(Zimmerman, 2001:32).

'웅크린 황소'의 이야기는 여러모로 흥미롭다. 한편으로는 어려운 환경에 어떻게 용감하고도 현명하게 대처해 나가는가를 보여준다. 캐나다로 도망가는 장면은 영화 '로건(Logan)'을 연상하게 한다.

수 부족은 〈그림 3-27〉의 '동북부 대평원(Northeast plain)'에 자리를 잡고 있었다. 〈그림 3-28〉을 보면 이곳 여러 주에 걸쳐 있다는 것을 알 수 있다. 사용하는 언어 차이에 따라서 '다코타(Dakota)'와 '라코타(Lakota)'로 구분하여 불리기도 한다.

| 그림 3-30 | 웅크린 황소[30] | 그림 3-31 | 영화 '로건' 포스터[31] |

---

[30] Library of Congress Digital ID: cph.3c11147
Portrait of Indian chief Sitting Bull (1831-1890).
https://en.wikipedia.org/wiki/Sioux#/media/File:En-chief-sitting-bull.jpg

[31] A close-up of Hugh Jackman as Logan with a scarred face. A thin blade crosses diagonally in front of his chin.
This is a poster for Logan (2017 film).
https://en.wikipedia.org/wiki/Logan_(film)#/media/File:Logan_2017_poster.jpg

다른 한편으로는 당시 상황에서 싸움이 어떤 식으로 지속되는지를 보여준다. 협상, 전투, 도피 그리고 영적 활동 모두가 투쟁의 일환이다.

19세기에는 대평원으로도 백인이 몰려온다. 들소를 잡아 생활하는 수 부족 터전에 백인이 침범하는 것이다. 토착민에게 가장 위협적으로 보인 것은 도로 건설이다.

'보즈먼 길(Bozeman trail)'이라고 불리는 마차 길이다. 광부의 이름을 사용한 마차 통행로이며, 앞 절 인용문에서 언급한 '오리건 길'에서 나온 곁길이다.

〈그림 3-32〉에서 'WYOMING'이라는 글자에서 'N'자 밑에 'Casper'라는 지명이 있다. 와이오밍주 캐스퍼라는 도시이다. 그 곳에서 분리되어 시작되는 길이다.

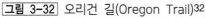 **그림 3-32** 오리건 길(Oregon Trail)[32]

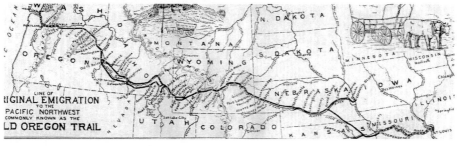

〈그림 3-33〉과 〈그림 3-34〉를 대조해서 보면 두 길의 교차점을 이해할 수 있다. 그 교차점에 '캐스퍼(Casper)'라는 조그만 도시가 있다.

〈그림 3-34〉에는 교차점 남동쪽에 '라라미 요새(Fort Laramie)'가 있다는 것도 알 수 있다.

〈그림 3-33〉에는 'Black Hills'라는 곳이 있다. '사우스다코타(South Dakota)'

---

32 Oregon Trail. Line of Original Emigration to the Pacific Northwest Commonly Known as the Old Oregon Trail' from The Ox Team or the Old Oregon Trail 1852-1906 by Ezra Meeker. Fourth Edition 1907.
University of Texas Libraries, The University of Texas at Austin
https://commons.wikimedia.org/wiki/File:Oregontrail_1907.jpg

그림 3-33 오리건 길(Oregon Trail)과 보즈먼 길(bozeman trail)[33]

그림 3-34 보즈먼 길(bozeman trail)[34]

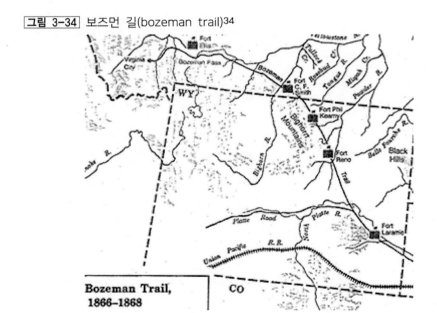

33 Route of Bozeman Trail (1863–1868) Date: 10 August 2007
   Source: Nikater https://commons.wikimedia.org/wiki/File:Bozeman01.png
34 WyoHistory.org: A project of Wyoming State Historical Society
   https://www.wyohistory.org/sites/default/files/bozeman2Large.jpg

와 '와이오밍(Wyoming)'에 걸쳐 있다. 수 부족의 터전이다. 〈그림 3-27〉과 〈그림 3-28〉을 보면 된다.

　마차 길과 왕래하는 백인 문제로 보이는 이 일의 시작은, 사실 금이다. 이 길이 끝나는 곳이 바로 금광이 발견된 곳이다. 〈그림 3-33〉과 〈그림 3-34〉에 나오는 '버지니아 시티(Virginia City)'에서 금이 발견된다. 1860년대에서 1870년대까지의 '몬태나 금광발견(Montana gold rush)'이 일어난다.

　무력 충돌은 협상으로 이어지는데, 그것은 〈그림 3-35〉에서 볼 수 있는 '라라미 조약(Treaty of Fort Laramie)'이다. 여기서 수 부족은 '블랙 힐즈(Black Hills)'를 포함한 땅을 인정받는다. 〈그림 3-35〉에서 책정된 땅 중앙 부분에 위치해 있다.

그림 3-35 라라미 조약35

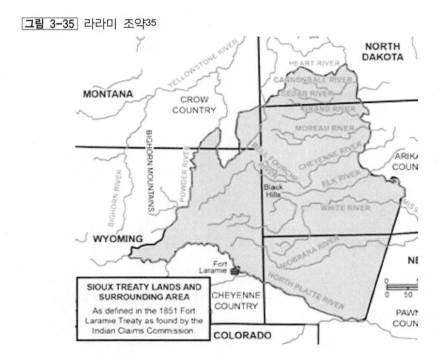

35　Description: The Lands of the 1851 Ft. Laramie Treaty
　　Author: North Dakota government
　　https://www.ndstudies.gov/gr8/content/unit-iii-waves-development-1861-1920/lesson-4-alliances-and-conflicts/topic-2-sitting-bulls-people/section-3-treaties-fort-laramie-1851-1868
　　https://commons.wikimedia.org/wiki/File:Sioux-treaty-lands.png

3.9
'블랙 힐즈 금광 발견(Black Hills gold rush)'과 '리틀 빅혼(Little Bighorn)'

현재 이 곳은 서로 안 맞는 두 개의 상징물이 있다. 미국 4명의 대통령 조각이 있고, 또 다른 수 부족 인디언 추장 '미친 말(crazy horse)' 조각이 있다. 웅크린 황소와 같이 미국 군대에 맞서 싸운 인물이다.

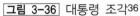 그림 3-36 대통령 조각36

---

36 Description: Mount Rushmore as seen from highway before entrance to the park.
Date: 7 July 2017 Author: Winkelvi

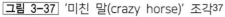
그림 3-37 '미친 말(crazy horse)' 조각37

'미친 말' 조각은 이러한 본격적 무력 충돌의 결과물이며, 그 원인은 다시
또 금으로 돌아간다.

'블랙 힐즈 금광 발견(Black Hills gold rush)'은 1874년에 시작되어, 많은 백
인이 몰려와 무단 점거를 시작한다.

1876년에는 유명한 '리틀 빅혼 전투'가 벌어진다.

정확하게 표시해 보려 〈그림 3-39〉를 추가한다. 위쪽 물방울 표시가 된
곳이 전투지이며 밑으로 '빅혼 국유림'이 있다. 〈그림 3-34〉의 'big horn

---

https://commons.wikimedia.org/wiki/File:Mount_Rushmore_from_highway.jpg
George Washington (1732-1799), Thomas Jefferson (1743-1826), Theodore Roosevelt
(1858-1919), and Abraham Lincoln (1809-1865) 왼쪽부터 오른쪽
37 Description: Crazy Horse was larger than life in life and death.
Date: 17 January 2017 Author: Havochawk
https://commons.wikimedia.org/wiki/File:Crazy_Project.jpg

mountains'에 해당한다. 그 밑으로는 '오리건 길'과 '보즈먼 길'의 교차점인 '캐스퍼(Casper)'가 있다.

그림 3-38 리틀 빅혼 전투지|38

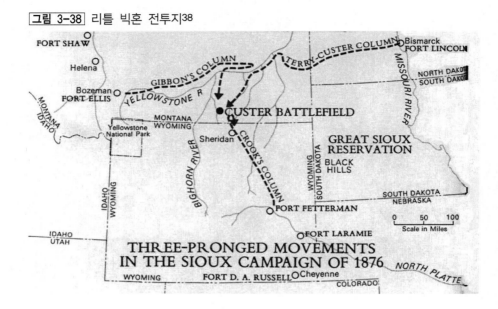

38 http://www.cr.nps.gov/history/online_books/hh/1b/hh1l1.htm
   https://commons.wikimedia.org/wiki/File:Custermovements.jpg

그림 3-39 리틀 빅혼 전투지 구글 지도

이 전투에서 '샤이엔(Cheyenne)', '아라파호(Arapaho)' 부족도 힘을 합친다.
상대는 미국 기병이다. 전투는 토착민 승리로 끝나게 된다.

백인 부대는 〈그림 3-40〉처럼 멋있지도 않았고, 〈그림 3-41〉처럼 비장
하지도 않았다.

그림 3-40 리틀 빅혼 전투 첫 번째 그림[39]

[39] Description: General Custer on horseback with his U. S. Army troops in battle with Native American Lakota Sioux, Crow, Northern, and Cheyenne, Little Bighorn Battlefield, June 25, 1876, Little Bighorn River, Montana.
"Entered according to act of Congress in the year 1876 by Seifert Gugler & Co. with the librarian of Congress at Washington D. C." File copied from
Author: Seifert Gugler & Co.
http://digital.denverlibrary.org/cdm/ref/collection/p15330coll22/id/35616
https://commons.wikimedia.org/wiki/File:Sioux-treaty-lands.png

그림 3-41 리틀 빅혼 전투 두 번째 그림[40]

Zimmerman(2001:31)은 다음과 같이 설명한다:

최근까지도 바깥 세계 사람들은 북아메리카의 400여 년 역사를 백인들의 시각을 통해서만 알고 있었다. 대표적인 예로 흔히 '커스터의 마지막 결전'이라고 알려져 있는 리틀 빅혼 전투를 들 수 있을 것이다 …

1876년 6월 25일, 미국 기병대 소속의 한 파견대가 몬태나의 리틀 빅혼 강에서 대평원 인디언 복병들을 만나 결국 대평원 인디언 전사들에 의해 포위되었다. 수적으로 크게 열세였던 기병대원들은 용감하게 싸웠으나, 결국 최후의 한 사람 조지 암스트롱 커스터 장군만이 남게 되었다. 미국 내전의 영웅 커스터 장군은 어깨까지 내려오는 금발을 휘날리며, 부하들의 시신과 말들의 시체

---

40 Artist: Edgar Samuel Paxson (1852-1919) Title: Custer's Last Stand
 Medium: oil on canvas Date: 1899
 Dimensions Height: 70.5 ″ (179 cm); Width: 106 ″ (269.2 cm)
 Collection: Buffalo Bill Center of the West
 https://commons.wikimedia.org/wiki/File:Edgar_Samuel_Paxson_-_Custer%27s_Last_Stand.jpg

에 둘러싸여 언덕 꼭대기까지 끝까지 총구에서 불을 내뿜다가 결국 장렬히 전사했다는 것이 이야기의 줄거리이다 …

그러나 북아메리카 원주민들의 구비 전승에 남아 있는 이야기들은 최근의 고고학적 발굴 결과와 정확하게 들어맞는, 전투에 대한 일관성 있는 그림을 제공해 주고 있다. 리틀 빅혼 전투는 비장한 각오로 최후를 맞은 영웅적 항전이 아니라 채 30분도 못 넘기고 끝나버린 혼란스러운 패배와 도주였던 것으로 밝혀졌다.

하지만 토착민이 전투가 아닌 전쟁을 이길 수도 없다. 토착민의 영적 운동이 있고, 이를 빌미로 한 잔혹한 복수가 이어진다. '영혼의 춤(ghost dance)'과 '운디드 니(wounded knee)' 학살이다.

커스터의 죽음이라는 수모를 당한 미합중국의 여론은 인디언에게 가장 가혹한 앙갚음을 할 태세가 되어 있었다.

구원의 몸짓을 하는 영혼의 춤이 보호구역의 인디언들을 동요시킨다 … 보호구역이 설정되면서 점쟁이와 예언자가 계속 생겨났고 간혹 성공을 거둔 사람도 있었다. 그 중에서도 많은 사람들이 추종했던 이는 피아우트족 출신의 와우오카였다. 1890년에 이 예언자는 "이제 곧 봄이 오면 위대한 영혼이 나타날 것이다. 그는 온갖 종류의 사냥감을 가져올 것이다. 또 죽은 인디언들도 다시 세상으로 내려와 새로운 삶을 살게 될 것이다"라고 공언했다.

보호구역에 사는 인디언들은 너도나도 몰려와 '구세주'의 설교를 듣고 망자의 춤을 추는 예식에 참여했다. 와우오카는 춤추는 것만으로도 영혼과 대화를 나눌 수 있다고 설교했다. 그는 과거의 풍습으로 돌아갈 것을 주장하는 동시에 평화주의자가 될 것을 촉구했다. 그러한 현상이 대평원 지역으로 확산됨에 따라 예언자의 가르침도 다양하고 풍부해졌다. 이는 수족에서 생겨난 '성스러운 셔츠'에 대한 믿음에서도 알 수가 있다. 그것은 전사가 춤을 추는 동안에 인디언풍의 셔츠를 입으면, 그 셔츠는 총알에도 끄떡없을 것이라는 믿음이다.

같은 해인 1890년 워싱턴에서 대통령은 주동자들을 체포함으로써 모든 인디언 반항 운동을 종식시키겠다는 결정을 내렸다. 12월 15일 수 족의 늙은

추장 시팅 불이 체포되어 살해되었다.

그로부터 며칠 지나지 않아 흥분한 인디언들이 운디드 니 크릭에서 봉기를
일으켰는데 그때 300명에 달하는 인디언 남자와 여자, 아이들이 정부군에게
학살되었다(Jacquin, 1998:117-9).

'운디드 니'는 인종대학살 역사의 후반부 한 장을 장식한다. 크리스토퍼
콜럼버스가 대륙에 도착했을 때 85만 명에 달하던 인디언 인구가 '운디드 니
크릭(wounded knee creek)' 사건이 발발할 당시에는 5만 명 밖에 되지 않는다
(Jacquin, 1998:119).

〈그림 3-42〉는 '영혼의 춤(ghost dance)'이다. 〈그림 3-43〉은 학살이 끝
난 후 시체를 묻는 매장 장면이다.

그림 3-42 영혼의 춤[41]

41 Sioux Ghost Dance, James Penny Boyd, 1836-1910
   Boyd, James P. (James Penny), 1836-1910 – Philadelphia Publishers Union
   Sioux Ghost Dance Blurry my soul at Wounded knee
   Gemeinfrei File: Ghost dance.jpg Erstellt: 1 January 1891
   https://de.wikipedia.org/wiki/Geistertanz#/media/Datei:Ghost_dance.jpg

그림 3-43 운디드 니 학살 이후의 시체 매장[42]

〈그림 3-44〉는 '운디드 니(Wounded Knee)'위치를 보여준다. '운디드 니
크릭'에서 '크릭'은 '개천(Creek)'을 의미한다. 〈그림 3-44〉 왼쪽 위에는 '블랙
힐즈(Black Hills)'가 있다. 오른쪽에는 '미주리강(Missouri River)'이 있다.

〈그림 3-45〉는 '운디드 니'가 흘러 들어가는 강인 '화이트강(White River)'
이다.

---

42 U.S. Soldiers putting Lakota corpses in common grave
1891 Library of Congress Prints and Photographs Division, Reproduction Number:
LC-USZ62-44458 https://commons.wikimedia.org/wiki/File:Woundedknee1891.jpg

그림 3-44 운디드 니 위치[43]

그림 3-45 운디드 니 개천이 흘러 들어가는 '화이트강(White River)'[44]

43 This is a modified version of a map taken from a US governmnet made national atlas that shows the Wounded Knee Creek. Date: 9 December 2014
Author: Jon Platek
Source: http://nationalmap.gov/small_scale/
https://commons.wikimedia.org/wiki/File:Wounded_Knee_Creek.jpg

44 White River at U.S. Highway 20 crossing west of Crawford, Nebraska; looking downstream.
Date: 25 August 2010   Author: Ammodramus
https://commons.wikimedia.org/wiki/File:White_River_at_US20_DS.JPG

〈그림 3-46〉에 나오는 미주리강은 '로키 산맥(Rocky Mountains)'에서 시작해서 '세인트루이스(Saint Louis)'까지 동남쪽으로 흘러 간다. 세인트루이스에서 미시시피강과 만난다.

비록 미시시피강의 '지류(支流, tributary)'이지만, 미시시피강보다 조금 길다. 오하이오강과 미주리강 모두 미시시피강의 지류이다.

세인트루이스가 왜 '서부 개척'의 시발점인지를 설명해 준다. 앞서 언급한 '오리건 길'과 '산타페 길' 모두 세인트루이스가 있는 미주리주에서 시작한다. 〈그림 3-47〉과 〈그림 3-48〉이 마차 길을 보여준다.

〈그림 3-49〉는 세인트루이스 미주리강에 설치한 조형물이다. 서쪽으로의 확장을 의미한다.

그림 3-46 미주리 강[45]

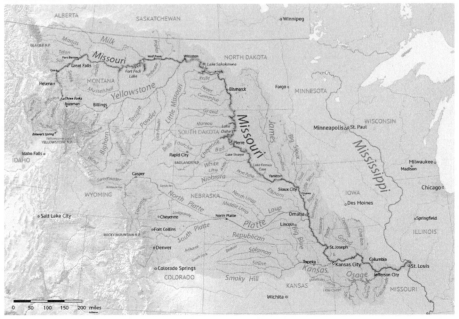

45 Map of the Missouri River drainage basin in the US and Canada, made using USGS and Natural Earth data. Replacement for File: Missouririvermap.jpg. Date: 21 March 2018 Author: Shannon1 https://commons.wikimedia.org/wiki/File:Missouri_River_basin_map.png

그림 3-47 오리건 길(Oregon Trail)[46]

그림 3-48 산타페 길(Santa Fe Trail)[47]

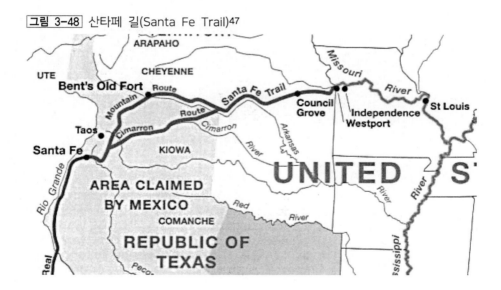

---

46 Natioal Park Service https://www.nps.gov/oreg/planyourvisit/maps.htm
47 United States National Park Service—Map, Robert McGinnis—illustration
   http://www.lib.utexas.edu/maps/national_parks/santa_fe_trail94.jpg
   https://en.wikipedia.org/wiki/Santa_Fe_Trail#/media/File:Map_of_Santa_Fe_Trail—NPS.jpg

그림 3-49 세인트루이스 아치 조형물48

3.10
황금과 캘리포니아 토착민 학살

'캘리포니아 금광 발견(California gold rush)'은 우리가 아는 캘리포니아를 만든 사건이다. 야구 선수단 이름이기도 한 '49ers'는 1849년 금을 찾아 몰려든

---

48 St. Louis on the Mississippi river by night. Gateway Arch and Old Courthouse are visible.
Date: 22 March 2011   Daniel Schwen derivative work: fetchcomms
https://commons.wikimedia.org/wiki/File:St_Louis_night_expblend_cropped.jpg

사람을 의미한다. 1849년부터 7년간 약 30만 명이 몰려든다. 대부분은 캘리포니아 동쪽 미국에서 오고, 여러 다른 나라에서도 몰려든다.

1848년 '제임스 마셜(James W. Marshall)'이라는 목수가 금을 발견한다. 이야기는 퍼져나가고 캘리포니아로 사람이 몰려든다.

금이 발견된 제재소는 제임스 마셜이 일하던 곳이다. 소유주의 이름을 따 '서터 제재소(Sutter's Mill)'라고 불린다.

〈그림 3−51〉에 'Sutter's Mill Replica'라고 표기된 곳이 이 곳의 위치이다.

그림 3−50 서터 제재소(Sutter's Mill)[49]

49 "Photomechanical reproduction of the 1850(?) daguerreotype by R. H. Vance shows James Marshall standing in front of Sutter's sawmill, Coloma, California, where he discovered gold." Person depicted is most likely not actually Marshall.
Date: circa 1850 United States Library of Congress ID cph.3c37164
https://commons.wikimedia.org/wiki/File:Sutters_Mill.jpg

그림 3-51 '서터 제재소(Sutter's Mill)' 위치

〈그림 3－52〉는 캘리포니아의 많은 지역이 이러한 금광발견의 영향권에
들게 된다는 것을 보여준다.

그림 3-52 캘리포니아 금맥 분포[50]

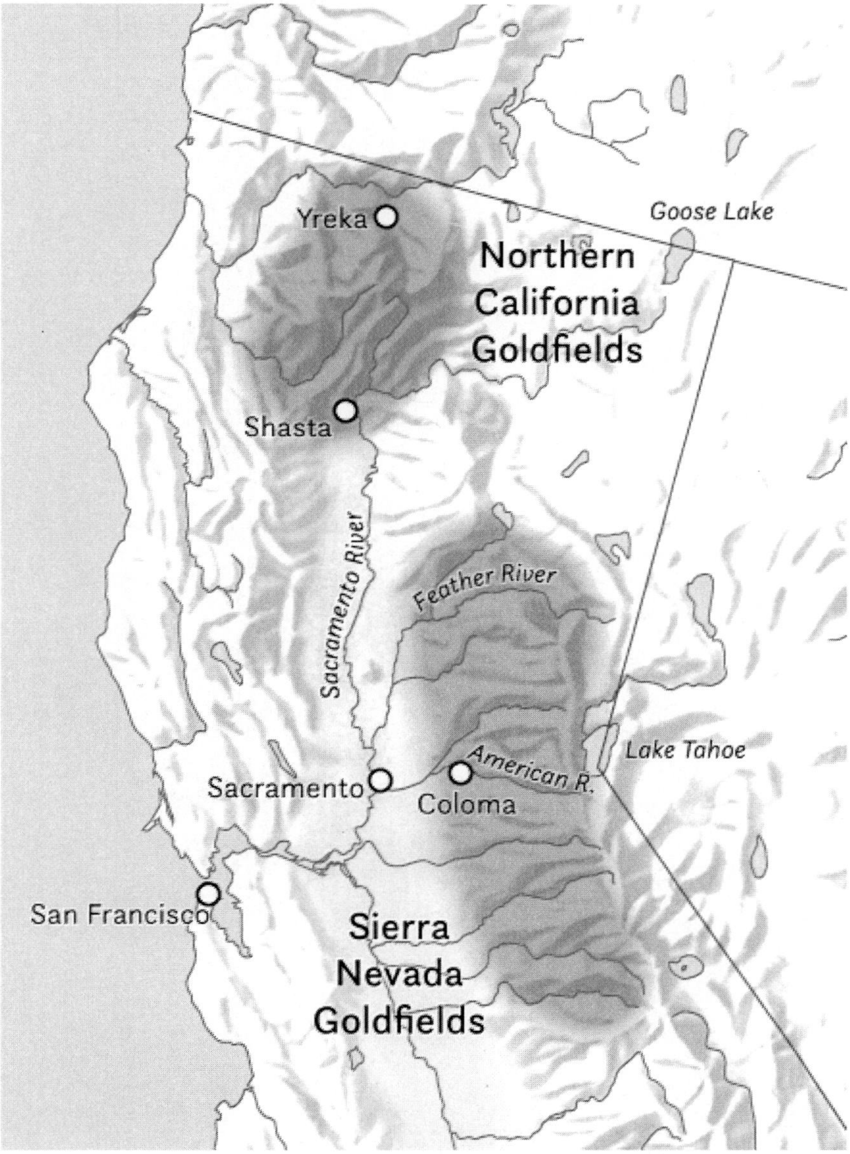

50 California Gold Rush map   Date: 14 July 2015
   Author: Hans van der Maare
   Source: FixWikiMaps Project
   https://commons.wikimedia.org/wiki/File:CaliforniaGoldRush.png

'캘리포니아 학살
(California genocide)'은
이렇게 19세기 중반에
서 후반까지 집중적으
로 일어난 토착민 인
종학살을 의미한다.

〈그림 3-53〉 '정
착민 보호(Protecting the
settlers)'는 토착민 인종
학살의 한 장면을 보
여준다.

〈그림 3-53〉에서
학살되는 토착민은 '유
키 부족(Yuki tribe)'이
다. 〈그림 3-54〉에서
의 물방울 표시는 '라운
드 벨리(Round Valley)'
이다. 캘리포니아 '맨도
시노 카운티(Mendocino
County)'에 속한다. 〈그
림 3-55〉는 라운드 벨리 전경이다.

그림 3-53 정착민 보호(Protecting the Settlers)[51]

PROTECTING THE SETTLERS.

---

51 "Protecting The Settlers" Illustration by JR Browne for his work "The Indians Of California"
1864. Portraying a massacre by militia men of an Indian camp.
Date: 1864 & 1871, Harpers New York
Original publication: Crusoe's Island: A Ramble in the Footsteps of Alexander Selkirk, with
sketches of adventure in California and Washoe   Author: John Ross Browne
https://en.wikipedia.org/wiki/California_Genocide

그림 3-54 '라운드 벨리(Round Valley)' 위치

〈그림 3-55〉는 유키 부족이 살던 곳이다. 이들은 '400~900 제곱마일'에 걸쳐 살고 있다(Madley, 2019:308).

단위를 적어 둔다. 900 제곱마일은 가로 세로 30 마일인 정사각형 넓이와 동일하다.

참고로 서울 면적은 605.02 제곱킬로미터이다. 가로 세로 25 킬로미터의 정사각형 넓이다.

또 참고로 말하자면 '마일'은 로마 제국의 산물이다. 군대 행군에서 오른쪽 발과 왼쪽 발 각각 한 번씩 내딛는 거리를 '페이스(The Roman pace)'라 한다 (〈wikipedia.org〉).

천 개의 페이스가 하나의 마일이 된다.

그림 3-55 '라운드 벨리(Round Valley)' 전경[52]

대략 1 마일 = 1.609347 킬로미터

1 제곱마일 = 1.609347*1.609347 = 2.589997766409 제곱킬로미터

1 제곱마일 = 783,474 평

먼저 동쪽에서 온 백인이 캘리포니아 토박이 삶을 어떻게 망가뜨리는지 살펴본다. 여기에서는 Cook(1943)의 시간과 유형 구분을 그대로 가져온다.

1848년에서 1865년 동안 캘리포니아 토착민은 총에 맞아 죽어 나간다. '무력충돌에 의한 희생자(military casualties)'가 속출하게 된다. 먼저 '영국에서 온 미국인이나 영어를 쓰는 미국인(Anglo American)'이 토착민을 대하는 태도를 살펴보자(Cook, 1943:5):

모든 토착민은 해충(vermin)으로 인식되고, 해충처럼 다루어진다. 물리적 폭력은 예외가 아닌 일상이 된다. 토착민의 아내라는 존재는 아무것도 아니

52 Round Valley View of Round Valley Photograph Notes: Inst—Calif 20 Round Valley and Adjacent hills taken from the SW—1858 (From Indian Office—1936)

Photograph Source: Smithsonian Institution MSS 160: 164:1 https://commons.wikimedia.org/

다. 토착민을 죽인다고 해
서 재판에 넘겨지는 백인
은 없기 때문이다. 토착민
이 조금이라도 적대심을
드러내면, 가진 모든 것을
뺏기게 된다.

그림 3-56 유키 사람들53

토착민에게는 어떠한 법
적 정치적 권리도 없다. 결
국 이러한 귀찮은 존재인
토착민을 없애는 가장 쉽
고 빠른 방식이 한동안 대
세가 된다. 죽여서 없애는
방식이다.

물리적 충돌의 주체는 다양하다. 이런 저런 이유로 새 땅에 정착하려는
이들이 총을 쏘는 경우도 흔하다. 토착민 한 명의 목숨에 얼마씩의 돈을 받는,
즉 캘리포니아 주 정부의 재정 지원을 받는 '민병대(militia)'가 있다. 정식 미국
군대도 학살에 적극 가담한다.

'사회적 살인(social homicide)'도 있다. 어려운 환경 때문에 벌어진 살인 전
부이다. 백인과 토착민의 충돌이나 괴롭힘으로 인한 살인 그리고 토착민 서로
간의 갈등으로 인한 인명 손실을 포함한다.

예를 들어, 술 취한 백인 광부가 이런 저런 시비 끝에 토착민을 죽이는 경
우이다.

'고립된 빈민굴(ghetto)' 같은 환경인 '보호지역(reservation)'에서의 거주 환
경으로 인한, 열악한 환경에 의한 토착민끼리의 살인도 포함된다.

---

53 Members of the Yuki tribe in Nome Cult farm (c. 1858).
(del) (cur) 19:35, 24 August 2005 . . en:User:Shauri (Talk) . . 241x266 (24654 bytes)
(Members of the Yuki tribe in Nome Cult farm (c. 1858). {{PD—old} }) english wikipedia

미국의 다른 토착민과 마찬가지로 질병이 캘리포니아에서 많은 생명을 앗아 간다. 토착민이 항체를 가지고 있지 못한 전염병이 만연하다. 천연두와 홍역이 대표적이다.

매독과 임질과 같은 백인이 옮긴 성병이 공동체에 끼친 영향 역시 막대하다. 출산율에 타격을 입히고 육체적, 정신적 폐해 또한 막심하다.

토착민은 제대로 먹지 못해서도 죽는다. 풍요로운 땅에서 메마른 산악지대로 내몰린 이들은, 배고파서 저항한다. 이러한 저항은 결국 더 메마르고 외딴 곳으로 이들을 내몰리게 한다(Cook, 1943).

저자가 해석하자면 한마디로, 악순환이다.

백인이 만드는 노동 시장에서 토착민은 제대로 물리적 생존을 하기 어려운 처지에 몰린다.

이를 이해하기 위해서는 노동과 관련된 법을 살펴보아야 한다. 이 법은 다시 인종학살이 일어나는 큰 맥락과 연결된다.

1850년 4월 22일 '캘리포니아 주 의회(California State Legislature)'에서 통과된 법률은 충격적이다.

이 법률은 인종학살을 제도적으로 가능하게 한다. 부록 3에는 An Act for the Government and Protection of Indians라는 이름의 법안이 나와 있다.

저자 나름대로 이 법을 정리하고 해석해 보는데, 이것은 세 가지이다. 하나는 왜 토착민이 새로운 경제 체제에서 물리적 생존을 위한 노동을 하기 어려운지를 잘 보여준다. 나머지 둘은 다시 인종말살의 문제와 연결된다.

일자리와 관련된 것이 첫 번째이다. 노동 시장 편입을 어렵게 할 뿐 아니라, 토착민을 손쉽게 노예 상태로 몰아넣는다.

'부랑자'로 '간주'되는 토착민은 체포되기 때문이다. 토착민은 이제 누구나 쉽게 체포될 수 있다.

부랑자 정의는 광범위하다. '구걸(begging)'뿐 아니라 '어슬렁거리거나(strolling about)', '비도덕적인거나 품행이 나쁜(immoral or profligate)' 삶을 사는 이가 포함된다.

심지어는 '술을 파는 공공장소에 자주 나타나는 것(frequenting public places

where liquors are sold)'도 포함된다.

체포가 되는 방식 역시 최대한 광범위하다. 일반 시민 누구나의 민원은 체포로 이어진다.

> Arrested on the complaint of any reasonable citizens of the country.

구금된 토착민은 '4개월짜리(not exceeding four months)' 일꾼으로 팔려 나가, '가장 높은 임금(the highest price)'을 제시하는 이에게 고용된다.
사실상 노예 상태를 의미한다.

> 20 Any Indian able to work and support himself in some honest calling, not having wherewithal to maintain himself, who shall be found loitering and strolling about, or **frequenting public places where liquors are sold, begging**, or leading an immoral or profligate course of life, shall be liable to be **arrested on the complaint of any reasonable citizen of the county**, brought before the Justice of the Peace of the proper county ⋯ to hire out such vagrant within twenty-four hours to the highest bidder, by public notice given as he shall direct, for **the highest price** that can be had, for any term **not exceeding four months**.

두 번째는 토착민 미래를 없앤다. 백인이 어린이를 데려가는 것을 허용한 것이다. 납치의 합법화이다. 시대적 맥락을 감안했을 때, 대부분의 아이들이 노예 상태로 있게 된다는 것도 짐작할 수 있다.

이렇게 데려간 아이는 성인이 될 때까지 자신의 가족과 고향으로부터 분리된다.

남아의 경우는 18세까지 가능하고, 여아의 경우는 15세이다.

> 3. Any person having or hereafter obtaining a minor Indian, male or female, from the parents or relations of such Indian Minor, and wishing to keep it, such person shall go before a Justice of the Peace in his

Township, with the parents or friends of the child, and if the Justice of the Peace becomes satisfied that no compulsory means have been used to obtain the child from its parents or friends, shall enter on record, in a book kept for that purpose, the sex and probable age of the child, and shall give to such person a certificate, authorizing him or her to have the care, custody, control, and earnings of such minor, until he or she obtain the age of majority. **Every male Indian shall be deemed to have attained his majority at eighteen, and the female at fifteen years.**

세 번째는 토착민의 법적 권리 자체를 없애버린다. 토착민의 증언은 법정에서 효력이 없다. 토착민의 증언은 백인의 어떠한 범죄에도 유죄판결로 이어지지 않는다.

6. Complaints may be made before a Justice of the Peace, by white persons or Indians: but **in no case shall a white man be convicted on any offence upon the testimony of an Indian.**

다시 유키 부족으로 돌아가 보자. 이들 인구 감소는 한마디로 충격적 수준이다(Cook, 1943).

1848년	3,500명
1852년	3,400명
1880년	400명

캘리포니아 토착민 전체 인구 감소도 마찬가지로 충격적이다.

1848년	71,050명
1852년	60,450명
1880년	12,500명

Madley(2008)의 추정은 유키 부족의 말살이 더 광범위한 범위로 이루어졌다고 주장한다. 사실 Cook(1943) 역시 자신이 제시하는 숫자가 백인 기록에 주

로 의존하기 때문에 많이 축소되었을 것이라고 인정한다. 캘리포니아 전체 숫자도 Cook의 추정보다는 훨씬 많을 가능성이 크다.

유키 사람이 없어진 정도에 대해서, Madley(2008:308)를 인용한다:

라운드 벨리의 풍요함은 6,000명에서 20,000명에 달하는 사람을 먹여 살린다. 1854년 탐사가들은 계곡 안과 인근에 걸쳐 2만 명 정도를 추정한다. "이 방향 저 방향으로 이어진 모닥불 자국"을 기초로 한 숫자이다 …

1856년 백인이 온 다음에, '관련 공무원(Indian Agent)' Simon Storm은 "최소한" 5,000명으로 추정한다.

1864년 '관련 공무원(California Indian Affairs Superintendent)' Austin Wiley는 라운드 벨리에 남자 85명, 여자 215명만이 있다고 보고하고 있다.

〈그림 3-53〉에 나오는 백인의 공격에 대한 설명은 앞서 언급한 캘리포니아 전체 토착민에 대한 공격과 대체로 일치한다. Madley(2008:303-4)에서의 인용이다:

1854년 5월 14일이다. 미주리 출신 일행이 탐사 여정을 진행한다. 샌프란시스코에서 북쪽으로 대략 150 마일 정도 떨어진 곳에 가파른 능선을 올라간다. 며칠에 걸친 험한 산행에서, 이들은 숨 막히는 광경을 보게 된다. 아래에 25,000 에이커의 푸르고 평평한 땅이 펼쳐진다.

말을 탄 이 여섯 명은 다음날 지금 멘도시노 카운티 북쪽의 라운드 벨리라고 불리는 곳으로 내려간다 … 우두머리 Pierce Asbill은 이렇게 소리친다 "이런 곳을 찾아내려고 미주리에서 먼 길을 떠나 왔다 … "

계곡에 도달하자 3,000명으로 짐작되는 인디언과 마주친다. "말의 목에 기대서 총을 쏘아대며 소리를 지른다 … 그냥 말을 타고 내려간다 … 쏘는 대로 쉽게 명중시킨다 … 총격이 끝났을 때에는 32명의 인디언이 여기저기 쓰러져 있다" 날이 저물 때에는 40명 정도 유키 사람이 목숨을 잃는다. 이 사건은 캘리포니아 인종말살의 전주곡이다.

　　캘리포니아 인종말살은 세계사에서 주목할 비극 중 하나이다. 모두가 알고 있는 나치 유대인 학살이 제2차 세계대전 도중에 일어난다.

　　그 이전에는 덜 알려지고 쉽게 잊어버린 '아르메니아인 집단학살(Armenian genocide)'이 있다. 19세기 말에서 20세기 초반에 걸쳐 오스만 제국에서 벌어진 일이다.

 그림 3-57 아르메니아인 집단학살[54]

[54] Picture showing Armenians killed during the Armenian Genocide. Image taken from Ambassador Morgenthau's Story, written by Henry Morgenthau, Sr. and published in 1918. Original description: "THOSE WHO FELL BY THE WAYSIDE. Scenes like this were common all over the Armenian provinces, in the spring and summer months of 1915. Death in its several forms──massacre, starvation, exhaustion──destroyed the larger part of the refugees. The Turkish policy was that of extermination under the guise of deportation"
Date: Published 1918　　Author: Henry Morgenthau
Source: Ambassador Morgenthau's Story Doubleday, p. 314
(http://net.lib.byu.edu/estu/wwi/comment/morgenthau/images/Morgen50.jpg)

아르메니아인 집단학살이 시작된 같은 19세기에 미국에서는 '캘리포니아 집단학살(California genocide)'이 일어난 것이다.

이 절의 마지막은 감동적 이야기로 끝내려 한다. 1850년 5월 15일 캘리포니아 '클리어 레이크(Clear Lake)'에서 '포모(Pomo)' 부족은 백인에게 학살당한다. 이것은 'Bloody Island Massacre' 혹은 'Clear Lake Massacre'라고 불린다.

생존자 중 한 명은 6살짜리 아이이다. 호수 물 속에 들어가, '툴리(tule)'라 불리는 갈대로 숨 쉬며 살아남는다.

이것은 압도적인 어려움을 극복하는 이야기이다. 용기를 내고, 또 지혜를 짜내고 난관을 이겨나가는 모습을 나타낸다.

살아남은 아이의 이름은 Lucy Moore이다. 그녀의 자손은 토착민과 비토착민 사이의 화해와 치유를 위한 'Lucy Moore Foundation'이라는 재단을 설립한다.

그림 3-58 포모 부족 거주지[55]

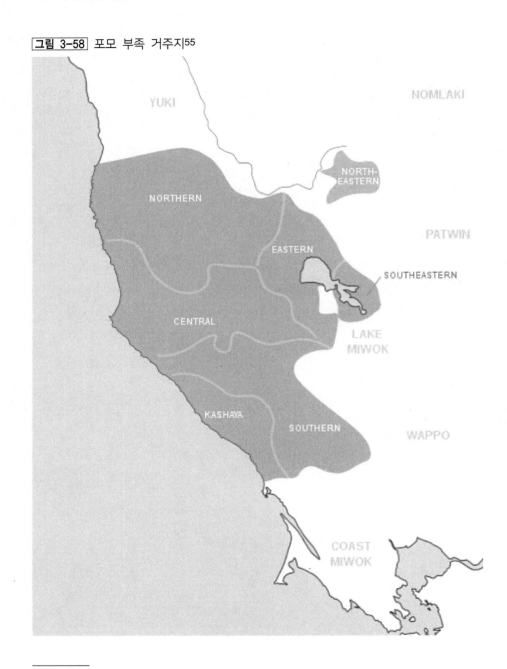

55 Map of Pomo peoples This file was derived from: USA California location map.svg
Date: 30 November 2019 Author: Noahedits Source: Own work
https://commons.wikimedia.org/wiki/File:Pomo_map_no_tribelets.svg

그림 3-59 클리어 레이크(Clear Lake)

그림 3-60 한 포모 소녀의 사진56

_____

56 Accession Number: 1972:0001:0005 Maker: Edward S. Curtis
Title: A Pomo Girl Date: 1896-1924
Medium: photogravure print Dimensions: 39.6 x 29.0 cm
George Eastman House Collection Date: 6 March 2009, 16:21:10
https://commons.wikimedia.org/wiki/File:A_Pomo_Girl_(3333251389).jpg

3.11
〈3장 관련해서 더 알아보기〉 보어전쟁과 황금:
"황금은 이 땅을 피에 잠기게 할 것이다"

잠시 언급한 보어전쟁 역시 황금과 직접적으로 관련되어 있다. '비트바테르스란드(Witwatersrand)' 광맥이 1886년 발견된다. 비트바테르스란드는 영어로는 '하얀 샘이 있는 능선(White Water Ridge)'에 해당한다.

영국이 이 금을 차지하고 싶어 한 것이다.

금광은 요하네스버그를 짧은 시간에 가장 큰 도시로 만들고, 오랜 역사를 자랑하는 케이프타운을 넘어선다.

그림 3-61 비트바테르스란드 광맥과 주변 도시[57]

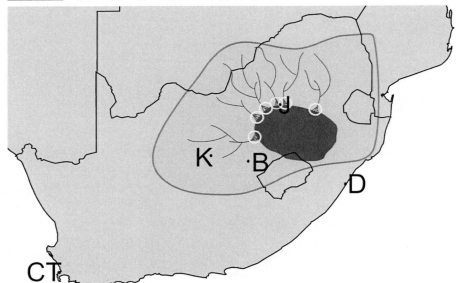

----

[57] The position of the Kaapvaal Craton (khaki coloured area) beneath the South African landscape, and the shrunken, shallow Witwatersrand Sea (light blue) at the time that the gold was deposited in the broad, river deltas of 6 rivers that flowed into that sea, depositing all their heavier materials (cobbles, gold, uranium iron pyrite etc.) in the braided rivers of the

〈그림 3-61〉에서 J는 요하네스버그를 의미한다. CT는 케이프타운이다. K, B, D는 각각 Kimberly, Bloemfontein, Durban이다.

여기서도 황금은 비극을 의미한다. '피트 요베르트(Piet Joubert)'가 한 말을 살펴보자. 그는 보어전쟁의 주인공 '파울 크뤼에르(Paul Kruger (Afrikaans pronunciation: ['krœɛxər]; 10 October 1825~14 July 1904))'의 동료이자 정치적 경쟁자이다.

> **환호하기보다는 슬피 우는 것이 낫다. 이 금은 이 땅을 피에 잠기게 할 것이다.**
>
> Instead of rejoicing, you would do better to weep; for this gold will cause our country to be soaked in blood.[58]

보어 사람은 피해자이자 동시에 가해자이다. 줄루 부족의 땅을 빼앗고, 백인의 나라가 세워진다.

파울 크뤼에르 역시 민족투사이자 동시에 인종차별주의자이다. 어린 시절부터 토착민 땅을 빼앗기 위한 전투에 직접 참여했기 때문이다.

---

deltas. Most of these gold deposits are deep under the South African surface, but form outcrops (at the surface) south of the Johannesburg City Centre.

Date: 18 October 2016   Author: Oggmus

https://commons.wikimedia.org/wiki/File:Gold_fields.jpg

[58] The Memoirs of Paul Kruger: Four Times President of the South African Republic (T. Fisher Unwin, 1902), p. 204

그림 3-62 파울 크뤼에르(Paul Kruger)[59]

그의 후손도 인종차별주의자이다. 보어 백인이 주도하는 남아프리카 공화국은 인종차별을 공식 정책으로 만든다.

바로 '인종차별 정책(apartheid)'이다. 이 정책은 1948년부터 1990년 초반까지 이어진다.

---

[59] Stephanus Johannes Paulus Kruger (* 10. Oktober 1825 in Vaalbank bei Colesberg, Südafrika; † 14. Juli 1904 in Clarens in der Schweiz), ursprünglich und dt. meist Krüger geschrieben, südafrikanischer Politiker und von 1882-1902 Präsident der Südafrikanischen Republik Date: 1900 Source: P.C.-Archiv, Hamburg
https://commons.wikimedia.org/wiki/File:KrugerPaulusJohannes.jpg

CHAPTER

04
내몰리는 삶터

CHAPTER 04. 내몰리는 삶터

땅을 일구는 이는 신이 선택한 백성이다.

Those who labor in the earth are chosen people of God.

- 토마스 제퍼슨(Thomas Jefferson)

오즈의 마법사

23. 선한 마녀, 도로시의 소원을 들어주다.

...

이윽고 도로시는 일어나 앉아서 주위를 둘러보았다.

"어머나!"

소녀가 외쳤다.

도로시는 드넓은 캔자스 초원에 앉아 있었고, 바로 앞에는 회오리바람에 전에 살던 집이 날아간 뒤 헨리 아저씨가 **새로 지은 집**이 있었다.

새로 지은 집

바움은 『오즈의 에머랄드 시』(1910)에서 헨리 삼촌이 "새 집을 지을 자금을 구하기 위해 농장을 담보로 잡혀야 했다"고 말한다(p. 21). 결국 그는 채무를 상환하지 못하고, 농장은 은행에 넘어간다.

19세기 내내 농부들은 담보물을 되찾지 못하는 것을 가장 두려워했다. 전염병이나 역병 ─ 가뭄, 메뚜기 피해, 마름병, 회오리 바람까지도 ─ 에 대한 두려움은 농가를 담보물로 잡은 사악한 대도시 은행가들에 비하면 아무 것도 아니었다.

바움은 당연히 농부들을 동정했다. 그의 부모 역시 바움이 유년기를 보낸 땅을 계속 담보로 잡혀야 했다. 1880년 마침내 채권자들은 빚을 회수하려고 그들이 살던 '로즈 로운'을 경매에 부쳤다. 그 후 3월 11일, 프랭크 바움은 오논데이거 카운티의 법정에 가서 부모를 위해 땅을 되샀다(Baum, 2000, 2008:465-6).

삶의 터전에서 내몰리는 것은 흑인이나 토착민만이 아니다. 많은 백인 역시 이런 어려움을 겪는다.

4.1
'백인 쓰레기(White trash)': 영국에서 내몰린 미국인의 역사

가난한 백인은 '백인 쓰레기(White trash)' 같이 경멸적 용어로도 불린다. 가난한 백인이 트럼프 대통령을 지지하면 불리는 이름이기도 하다.

사실 이 이름의 역사는 한참 과거로 거슬러 올라간다. Isenberg(2019)는 영국에서 내몰린 사람들이 대부분 초창기 미국 정착민이라는 것을 강조한다.

미국 하류층의 조상은 '배출된 쓰레기'이다. 영국에서 사회적 쓰레기로 인식되고, 미국이라는 식민지로 방출된 연한근로자이다.

이러한 연한근로자가 역시 토지와 밀접하게 연결되어 있다. 이 과정을 Isenberg(2019:68~9)는 설명한다:

1607년 마침내 체서피크만 영국의 식민지 전초 기지인 제임스타운이 설립되었고 … 식민지 통치위원회에서는 머지않아 식민지의 가장 귀중한 자원이 될 대상을 빈틈없이 단속했다 …

통치위원회 위원들은 버지니아 회사에 더욱 많은 연한계약하인이나 노동자를 보내달라고 탄원했는데, 이들은 노예처럼 최고가 입찰자에게 판매되었다. 연한계약하인들은 일종의 사재기 대상이었고, 과로에 혹사당하는 것은 물론 부당하게 기간이 연장되는 일도 비일비재했다.

토지 역시 불공평하게 분배되었는데 그로 인해 계급분화가 한층 심화되었다. 1616년 이전에 직접 뱃삯을 내고 이주한 사람들은 100 에이커의 땅을 받았다. 이후로 빚을 지지 않고 자력으로 건너온 사람들은 50 에이커만 받았다.

토지 분배 불평등을 부채질한 더욱 중요한 요인은 1618년부터 연한계약하인 한 명을 데려온 사람이 추가로 50 에이커를 받게 되었다는 것이다. 인두권(headright system)이라고 알려진 것으로 일정한 토지를 나누어주는 방식이었다. 이는 대농장주 밑에서 일하는 하인이 많을수록 토지도 많아진다는 의미였다.

여기서 중요한 것은 연한계약한 하인이 배를 타고 오는 도중 죽어도 계약서의 주인은 약속된 땅 전체를 보장받았다는 것이다. 최종 생사에 상관없이 노동자를 수입한 것에 대한 대가였다.

이러한 연한근로자는 우리가 생각하는 노동자와는 거리가 먼 삶을 이어간다(Isenberg, 2019:69,70~71):

이들의 계약 기간은 본국 영국에서보다 길었다. 영국 본토에서 계약 기간이 보통 1년에서 2년이었던 데 비해 여기서는 4년에서 9년이었다. 1662년 버지니아 법에 다르면, 아이들은 스물네 살까지 하인으로 남아 있었다.

연한계약은 임금계약과는 달랐다. 하인은 동산이나 부동산처럼 일종의 소유물로 분류되었다. 계약을 양도할 수도 있었고, 하인은 주인이 이동하라고 하는 장소와 시기에 맞춰 움직여야 했다. 가구나 가축처럼 상속자에게 넘겨줄 수도 있는 대상이었다 …

제임스타운 지도자들은 로마 노예제도 모델을 직접적으로 빌려왔다. 버려진 아이들과 채무자는 노예가 되었다.

연한계약을 맺은 상인이 미국으로 가는 뱃삯을 대가로 자신의 노동을 팔기로 한 순간 그들은 채무자가 된다. 그리고 (불행하게도 자신이 일찍 죽게 되면) 고아가 되는 자식 역시 빚의 담보물이 된다.

이 과정의 근원은 땅이다. 쓰레기로서 미국으로 방출되기 이전 영국 도시를 배회하는 하류층은 원래 농부이다.

따라서 영국 도시빈민의 근본을 따져보면, 이 역시 토지이다.

울타리를 친다는 뜻의 '인클로저(enclosure)'가 근원이다. 웹스터 사전에 의하면, enclosure은 라틴어 includere에서 나왔다.

영어로는 '포함하다(include)'라는 의미이다. 봉투나 포장지에 다른 것과 같이 어떠한 것을 집어 넣는다는 의미도 있다. 여기서는 합쳐서 울타리를 친다는 의미로 보아야 할 것 같다(to shut in all around, hem in, fence in, surround).

인클로저
→ **땅을 빼앗긴 농민 속출**
→ **농민의 도시 빈민화**
→ **구빈법 통과**

이 공식에서 볼 수 있듯이 땅에서 시작한 것이다.

그림 4-1 전형적 영국 중세 마을 가상 배치도[1]

Plan of a Mediaeval Manor.

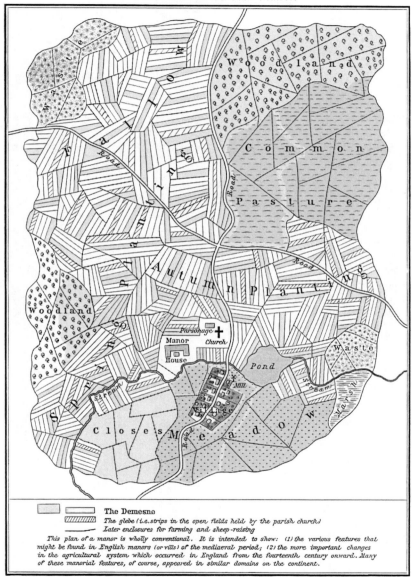

_____

1 Description: Plan of a fictional mediaeval manor. The mustard—colored areas are part of the demesne, the hatched areas part of the glebe.

그림 4-2 실제 인클로저 대상이 된 토지2

Date: 20 August 2007   Author: William R. Shepherd, Historical Atlas, New York, Henry Holt and Company, 1923

https://commons.wikimedia.org/wiki/File:Plan_mediaeval_manor.jpg

2 Decaying hedge. All around Boldron, old field boundaries established by the "Plan and Apportionment for the 1768 Parliamentary Act of Enclosure of Boldron Moor" (Durham County Record Office) are in varying stages of decay as modern agriculture moves to larger fields. In some cases, the existence of a hedge and ditch can no longer be discerned at all (1713699), but in most cases there is at least a hedge-bank and adjoining ditch, and often the odd old hawthorn or bigger tree. This boundary seems to have been one of the more recent to be allowed to fall into disuse, as the hedge is largely complete, though obviously no trimming or laying has been carried out recently and there is no fence left at all.

Date: 15 February 2010   Author: Andy Waddington   Source: From geograph.org.uk

https://en.wikipedia.org/wiki/Enclosure#/media/File:Decaying_hedge_-_geograph.org.uk_-_1715089.jpg

타임라이프북(2004) 『What life was like? 엘리자베스 여왕의 왕국』 86쪽과 102쪽에서는 이 과정을 잘 묘사하고 있다.

농사는 전통적인 개방경지제에 따라 마을이나 읍내에 있는 경작 가능한 땅을(이것은 대부분 부유한 지주의 소유였다) 3개의 커다란 농지로 분할해서 이루어졌다. 농부들은 이런 들판에 흩어져 있는 땅뙈기들을 임대해 경작했다.

15세기에 지주들이 농토에 울타리를 쳐서 경작지를 통합시켰던 인클로저(enclosure)가 16세기에도 계속 이어지고 있었다. 이것으로 농업체제는 훨씬 효율적으로 되었지만, 많은 농업 노동자들이 땅을 빼앗기는 부작용을 낳기도 했다.

1571년 정기의회에서 의원들은 경악했다. 빈민층이 늘고 있고, 부랑자의 수도 급증하고 있었기 때문이다 … 1572년 새로운 부랑자 법령이 제정되었다. 형벌이 강화되었으며, 부랑자 범주도 확대되었다 …

한편 정부는 '경제적 원조를 받아야 할 만큼' 가난한 사람들이 있다는 현실도 인정했다 … 의회는 여러 차례 논의 끝에 1572년 역사적인 첫걸음을 떼기 시작했는데, 개인에게 소득세를 과세해서 빈민층 가장들에게 주급을 주는 재정을 확보한다는 법률안을 제정한 것이다.

이 법률은 1576년에는 직장이 없는 사람들에게 원료를 공급해 주고, 그들이 만들어낸 제품을 다시 사들이는 방식으로 발전했다.

1590년대 계속된 흉작의 여파로 폭동과 범죄, 기아가 기승을 부리자 이 법령은 더욱 강화되었다.

하지만 이 무렵이 되면 케케묵은 '가난의 문제'에 대한 완전히 새롭고 색다른 해결책이 나왔다. 그것은 "문제를 일으키는 골칫덩어리 넝마들을" 배에 실어 신세계로 보내는 것이었다.

4.2
어려운 처지의 농민

이렇게 없는 이로 시작한 백인 정착민의 삶은 순탄하지 않다. 여기서는 농민을 살펴본다.

농민이 왜 중요한지는 분명하다. 19세기까지 미국은, 의심할 여지없는 농업의 나라였기 때문이다.

남북전쟁(1861~1865)은 이를 분명히 보여준다. 이 전쟁을 보는 시각은 여러 가지가 있을 수 있다. 그 중 하나는 산업적 측면이다. 제조업의 북부와 농업의 남부간의 대결이다.

땅을 일구는 일은, 지금도 이 큰 나라에서는 중요하다. 자동차 대량생산이 본격적으로 일어나는 1930년대부터는, 농업의 중요성이 본격적으로 줄어든다.

하지만 세계경제에서 미국 농업이 차지하는 비중은 아직도 상당하다. 미국이 무역전쟁을 두려워하지 않는 이유 중 하나가 농업 경쟁력이다. 국내 정치에서의 농민 영향력 역시 무시할 수 없다.

4.2.1 땅을 빼앗는 방법

토착민을 다룬 이전 장의 내용을 생각해 보면, 백인 농부는 가해자로서 출발한 셈이다. 하지만 이러한 가해자의 삶 역시 쉽지 않다.

이 과정은 상세하게 살펴볼 필요가 있다. 먼저 원초적으로 땅을 토착민에게서 빼앗는 과정을 보자. 『서부개척시대 아메리카인의 일상(이세진 역)』이 이를 잘 설명한다(Jacquin, 2005:80):

> 서부에서 얻는 땅은 사실상 인디언에 속해 있었기 때문에 처음에 연방정부는 경작권을 얻기 위해 그들과의 협상을 통해 조약을 맺었다. 이렇게 해서 공유지, 즉 미국인들의 소유가 되었다.

> 연방주의 계획은 동부에서 그랬던 것과 마찬가지로 땅의 공평한 분배를 통해

조직화하는 것이었다. 이를 위해 의회는 1785년의 '토지 법령(land ordinance)'에 의거하여 모든 공유지에 대한 토지대장 기록 사업을 진행했다.

이리하여 공유지는 가로, 세로 6 마일(9.6 킬로미터) 단위로 분할되었고, 이것은 다시 36 섹션으로 정리되었는데, 1 섹션은 160 에이커(65 헥타르(ha))에 해당됐다. 또 법은 공립학교의 재정 조달을 위해 한 마을당 한 섹션을 주도록 정했다.

일부 백인은 '공유지'를 차지하기도 한다. 1841년에는 불법 공유지 점유가 합법화된다. '무단 정주자(squatter)'는 공유지를 싼 가격으로 살 수 있게 된다. 하지만 많은 '공유지'는 곧 가진 자의 '사유지'로 변한다(Jacquin, 2005:81):

의회도 공유지의 사용에 있어서 혐의가 없지 않다. 의회는 군인들을 격려하고, 유공자들에게 보상하며, 운하회사, 철도회사 등의 사기를 진작시키기 위해 땅으로 인심을 썼다. '토지 가증서(land scrip)'라 불렸던 이 소유권은 협상, 판매가 가능했고 증권처럼 교환할 수도 있었다. 따라서 투기꾼들이 눈독을 들이지 않을 수 없었다.

게다가 이렇게 얻은 땅을 합법적으로 등록하려면 200 달러가 필요했다. 소농들에게 이것은 너무 힘에 부치는 거금이었다. 이 돈을 지불할 여력이 없는 사람들은 '타임 엔트리(time entry)'라는 체계에 따라 현금이 좀 더 풍부한 이웃에게 돈을 빌렸다. 부채는 재산에 대한 추산으로 보장되지만 매우 높은 이자율을 감당해야 했다.

1장에서 언급한 부동산 투기는 이렇게 미국 역사의 초창기부터 일어난다. 철도회사는 대표적 투기꾼이다. 피해자는 농민이다(Jacquin, 2005:82).

많은 스웨덴인, 노르웨이인, 네덜란드인, 독일인들이 광고에 현혹되어 미국으로 갈 것을 결심했다. 내 땅을 가지고 그 땅에서 풍성한 수확을 거둔다 … 꿈같은 이야기가 아닌가. 그러나 서부는 쟁기 한 번 잡아 본 적 없는 이들에게 정치가들이 떠들던 것과 같은 농경 낙원이 아니었다.

그레이트플레인즈는 사람이 살기에 매우 척박한 곳이었다. 한 계절 내내 땀을 흘려도 메뚜기 떼가 한 번 쓸고 가면 며칠 만에 아무것도 남지 않았다. 특히 메뚜기 떼는 물도 먹는데, 수도 펌프가 보편화된 것은 1880년에 이르러서였으므로 당시 사람들은 만성적인 물 부족 때문에 골치를 앓았다.

마침내 불하권을 얻은 이들은 가장 좋은 땅은 토지대장 사무소와의 공모에 의해 철도회사에 투기 목적으로 넘어갔음을 알게 된다.

4.2.2 농민의 저항

19세기 후반에 들어서면 농민 저항이 일어난다. 농산물 가격은 떨어지고 농사짓는데 드는 경비는 늘어나서, 생계 유지가 힘들어졌기 때문이다.

먼저 배경부터 이해할 필요가 있다. 첫 번째로 공급 증가는 경작지 확대와 직결되어 있다.

정부가 입법을 통해 경작지를 늘렸고, '자작 농지법'이 1862년 통과되었다. Jacquin(2005:81)의 설명은 다음과 같다:

20년 후 미 동부에서는 남북전쟁이 일어난다. 에이브러햄 링컨 대통령과 공화당 의원들은 이때 새로운 토지 법안을 투표에 붙인다. 이 법은 우선 서부인들의 지지를 확보하는 데 그 목적이 있었고, 나아가 개척자들이 오리건주와 캘리포니아주만을 선호해서 거의 버려진 상태였던 그레이트플레인즈의 개간을 장려하는 목적도 있었다.

1862년의 '자작 농지법(Homestead Act)'은 10 달러의 등록 비용만 내면 집을 짓고 우물을 파며 최소 4 헥타르를 경작하며 5년 이상 거주한다는 조건 하에 65 헥타르의 땅을 준다는 제안을 담고 있다. 그 당시 1 에이커의 땅을 사는데 1.25 달러가 들었으므로 이는 200 달러에 해당한다.

자격 조건은 매우 단순하다(21세 이상의 미국 시민이거나 미국 시민권을 원하는 자) … 이 관대한 법은 가난한 이들이 빚을 내지 않고도 쉽게 땅을 얻을 수 있도록 해 주었다.

정부는 간접적으로도 경작지 확대에 일조한다. Dallek et al(2008:618)은 철도 건설을 경작지 증가와 연결시킨다:

> 1850년부터 1871년까지, 정부는 수백만 에이커의 공유지를 철도회사에 준다. 철도 건설을 촉진하기 위해서이다. 철도회사는 이 땅 대부분을 정착민에게 다시 팔아 넘긴다. 이를 통해 철도회사는 막대한 수익을 올린다. 또 철도를 이용할 새로운 고객층을 확보한다.
>
> 철도회사의 홍보는 잘 먹혀들어간다. 1860년대 미네소타에는 스웨덴인과 노르웨이인으로 가득차게 된다. 한 지역 신문 편집자는 다음과 같이 쓴다. "스칸디나비아 국가들이 이 곳으로 다 옮겨 온 것 같다"

기술 발전도 공급 증가에 한 몫을 한다(Dallek et al, 2008:618):

> 새로운 발명이 대평원 농부에게 도움이 된다. John Deere가 1837년 강철 쟁기를 발명한다. James Oliver가 초원의 풀뿌리까지 잘라 들어갈 수 있는 개량형을 내놓는다. 평원에 특화된 풍차는 깊은 우물에서 물을 뽑아 낸다. 철조망은 땅과 가축을 보호할 수 있게 한다. 수확기는 추수를 쉽게 한다. 탈곡기는 낟알을 분리해 준다. 이러한 발명은 효율성을 늘리기도 한다. 1860년에서 1890년 사이에 농민은 밀 생산을 두 배로 늘린다.

하지만 이러한 공급 증가와 관련된 원인은 동시에 비용 증가의 원인이 된다. 철도 회사는 농산물 수송에 비싼 운임을 매긴다. 농기계 구입을 위해 농민은 다시 빚을 내어야 한다.

가격은 떨어지고 비용은 증가한다. 당연히 농가가 수익을 내기 어려워진다.

이로써 농민 저항이 시작되어 1867년 'Grange'라 불리는 협동조합이 만들어진다. 농민이 모여 회의하는 장소인 '곳간(grange)'에서 나온 이름이다. 회원을 위해 '곡물창고(grain elevator)'를 짓고 상인과 직거래한다.

정치적인 요구도 시작된다. 운임 인하부터 요구하고, 주 정부가 철도 화물 요금을 규제하라고 요구한다.

1980년대 초반에는 몇 개의 농민 집단이 모여 정당을 만든다. '인민당(populist party)'이다. 1892년 대통령 선거에서 공약도 제시한다(Dallek et al, 2008:621).

농민이나 노동자의 원리금 상환 부담을 줄이려는 노력을 한다. 또한 통화량을 늘려서 화폐 가치를 떨어뜨리려 한다.

이 때문에 '은화 자유 주조 운동(銀貨 自由 鑄繰 運動, free silver movement)'에 영향을 받은 통화 정책을 내놓는다.

이렇게 금본위제는 19세기 농민 저항과 직접적으로 연결되어 있다. '윌리엄 제닝스 브라이언(William Jennings Bryan)'은 이러한 '은화 자유 주조 운동'의 대표 주자이다.

1896년과 1900년 대통령 선거에서 민주당 후보로서 금본위제 반대를 이끌고, 1896년에는 인민당의 지지도 받는다.

하지만 두 번의 선거에서 공화당 '윌리엄 매킨리(William McKinley)'에게 패배한다. 윌리엄 매킨리는 〈그림 4-3〉과 같이 금본위제를 내세운다.

윌리엄 매킨리 지지자를 '황금충(黃金蟲, gold bug)'이라고 부른다.

4.2.3 대공황과 먼지 바람

농민의 어려움은 20세기에도 반복된다. 〈그림 4-4〉는 1930년대 대공황 당시 앨라배마에 있는 소작농 농장의 침식된 땅을 보여준다.

대공황의 한 원인인 먼지 바람은 '더스트 볼(Dust Bowl)'이라고 불린다(Isenberg, 2019:379~381):

미국 중부의 더스트 볼(Dust Bowl)이 자욱한 흙먼지를 일으켰고, 땅에서 쫓겨난 인간들은 '먼지 입자'처럼 길을 따라 떠돌았다.

더스트 볼: 1930년대 미국 중부 평원을 뒤덮은 먼지 폭풍으로 오랜 가뭄과 지력을 고갈시키는 무분별한 개간과 영농 방식이 원인이었다. 이로 인해 대략 250만 명에서 350만 명이 삶의 터전을 잃고 캘리포니아를 비롯한 다른 지역으로 이주했다.

그림 4-3 윌리엄 매킨리의 1900년 선거 포스터3

---

3 1900 reelection poster celebrates McKinley standing tall on the gold standard with support

〈그림 4-4〉는 Isenberg(2019) 책에 나오는 사진을 저자도 그대로 사용한다. Isenberg(2019:380) 자신의 사진 설명은 다음과 같다:

토양침식과 황무지를 보여주는 로스스타인의 인상적인 사진(1937). 앨라배마의 토지에는 침식으로 생긴 거대한 우곡이 흉터처럼 남아 있고, 버림받은 소작농이 헛간 옆에 절망적인 모습으로 서 있다.

그림 4-4 '더스트 볼(dust bowl)'과 침식된 토양[4]

---

from soldiers, sailors, businessmen, factory workers and professionals.
Campaign poster showing William McKinley holding U.S. flag and standing on gold coin "sound money", held up by group of men, in front of ships "commerce" and factories "civilization". Library of Congress's Prints and Photographs division under the digital ID cph.3b52834

4 Eroded land on tenant's farm, Walker County, Alabama (Arthur Rothstein, 1937), LC-USF34-025121, Library of Congress Prints and Photographs Division
https://www.loc.gov/pictures/item/2017775644/

그림 4-5 더스트 볼(dust bowl)

소작농은 자신이 살고 있는 터전에서 쫓겨나 서쪽으로 향한다:

남부 여러 주의 소작농들은 여전히 황폐한 오두막에 살고 있었고, 자급자족과는 거리가 있으며 매우 이동성이 높은 표류하는 노동력이었다.

1930년대 중반 중부를 강타한 가뭄과 여러 차례의 더스트 볼 이후, 소위 '오키(Okie)', '아키(Arkie)'가 미디어의 관심을 끌었다
[오키: 1930년대 더스트 볼로 캘리포니아 등지로 이주한 오클라호마 주 빈농 출신 유랑 농민을 부르던 멸칭.
아키: 같은 시기, 같은 이유로 이주한 아칸소주 빈농 출신 유랑 농민을 부르던 멸칭.]

빈약한 세간을 몽땅 고물 자동차에 쑤셔 넣은 가족들이 서부 캘리포니아로 향했다. 이동 도중 그들은 간선도로변에 텐트를 치고 야영을 했다. 골든 스테이트[캘리포니아주 별칭] 거리 곳곳에 출몰하는 그들은 작물 수확기에 맞춰 이동하며 일을 했다.

일자리를 따라 떠도는 유랑 노동자로서 그들은 'migrant worker'를 줄여 자신을 '마이그(Mig)'라고 불렀지만, 밖에서는 그들을 '고물차 떠돌이' 혹은 '이동 판자촌'이라고 불렀다(Isenberg, 2019:69,381).

4.2.4 내몰리는 삶터: 소설 『분노의 포도』

농업 노동자의 처지를 고발한 소설이 '존 스타인벡(John Steinbeck)'의 『분노의 포도』이다.

'조드(Joad)' 가족은 오클라호마에서 캘리포니아로의 여정을 떠난다. '국도 66번(route 66)'은 조드 가족이 일자리를 찾아 떠나는 이동 경로이다.

그림 4-6 미국 국도 66번[5]

소설은 먼저 삶터에서 조드 가족이 내몰려야 하는 이유를 몇 가지로 제시한다.

여기서는 김승욱이 번역한 민음사 판을 인용한다.

내몰리는 이유

1. 먼지 바람

바람이 점점 강해지면서 빗물에 젖은 옥수수밭의 흙을 들어 올렸다. 뒤섞인 흙먼지 때문에 하늘이 조금씩 어두워지는 가운데 바람은 땅 위를 더듬다

---

5 https://en.wikivoyage.org/wiki/Route_66#/media/File:R66.png

가 흙먼지를 들어 올려가지고 가버렸다. 바람이 더욱더 강해졌다. 빗물에 젖
은 흙이 갈라지고, 밭에서 피어오른 흙먼지는 굼뜬 연기처럼 허공 속에서 회
색 깃털 모양이 되었다. 바람에 부딪힌 옥수수가 건조하게 쓸리는 듯한 소리
를 냈다. (p. 11)

2. 기계화
요즘은 소작인들이 그냥 정신없이 사라지고 있수. 트랙터 한 대면 열 가구
가 쫓겨나. (p. 22)

소작제도는 이제 소용이 없습니다. 트랙터만 있으면 한 사람이 열두 가구나
열네 가구 몫을 해낼수가 있으니. 그 사람한테 월급을 주고 추수한 걸 이쪽
이 다 갖는 편이 낫죠. (pp. 69~70)

지주들은 소작인을 둘 여유가 없다면서 소작료가 자기들 이윤이니까 그걸
잃어버릴 수는 없다는 거야. 그러면서 땅을 하나로 합쳐야 간신히 수지가 맞
는다고 하더라고. 그래서 놈들이 트랙터를 갖고 와서 소작인들을 전부 쫓아
낸 거야. (p. 97)

3. 농사법
땅이 점점 더 나빠지고 있다는 것도 알고 있겠죠. 목화 농사가 땅에 어떤
영향을 미치는지도 알 겁니다. 목화가 땅에서 피를 다 빨아먹어 버리잖아요.
(p. 68)

토착민을 몰아내고 가해자였던 백인 농민은, 이제 분노에 가득찬 피해자
로 전락한다.

당신들은 여기를 떠나야 합니다. 쟁기가 이 앞마당도 훑고 지나가게 될 테
니까.

소작인들이 성난 얼굴로 자리에서 일어섰다. 우리 할아버지가 이 땅을 개척
했습니다. 인디언들을 죽이고 내쫓았다고요. 우리 아버지는 여기서 태어나 잡
초도 뽑고 뱀도 죽였습니다. 그러다가 흉년이 와서 돈을 조금 빌렸죠. 우리도

여기서 태어났어요. (p. 70)

궁극적인 가해자는 은행이라는 괴물이다.

지주의 대리인들은 자기들보다 더 강력한 괴물의 생각과 행동을 설명했다. 끼니를 해결하고 세금을 치를 수만 있다면 땅을 가지고 있어도 되겠죠. 그렇고 말고요.

그럼요. 그렇고말고요. 갑자기 흉년이 들어서 은행에서 돈을 빌리게 되지만 않는다면요.

그런데 말이죠. 은행이나 회사는 그럴 수가 없어요. 그놈들은 공기를 호흡하지도 않고 고기를 먹지도 않거든요. 그놈들은 이윤이 있어야 숨을 쉰단 말입니다 …

우리도 알아요. 다 알아. 이건 우리가 아니라 은행이 시킨겁니다. 은행은 사람하고 달라요. 땅을 5만 에이커나 가진 지주도 평범한 사람들하고는 다르죠. 괴물이 되는 겁니다 …

사실 은행에서 일하는 사람들도 모두 은행이 하는 일을 싫어하지만 은행은 상관 안 합니다. 은행은 사람보다 더 강해요. 괴물이라고요. 사람이 은행을 만들었지만, 은행을 통제하지는 못합니다 …

아뇨, 은행, 그 괴물이 이 땅의 주인입니다. 당신들은 떠나야 해요. (p. 68, 70, 71)

4.3
〈3장과 4장 내용 관련해서 더 알아보기〉 황금과 비극: 금본위제

앞서 2장에서 황금과 비극은 계속해서 나온다. 황금이 비극을 찾아 나서고, 또 서로가 이어진다.

삶터에 황금이 발견될 때마다, 토착민의 삶은 고난과 슬픔으로 가득찬다. 동부 체로키 부족은 '눈물의 길'을 걷는다. 서부 캘리포니아 토착민은 교과서에 나오는 전형적 인종말살을 겪게 된다.

물론 황금과 비극의 상관 관계는 예전부터 우리 곁에 있었다. 가장 문학적으로 이를 잘 표현한 것은 그리스 신화 미다스 왕 이야기이다. 만지는 것마다 황금으로 바뀌는 벅찬 기쁨은 슬픔으로 바뀐다.

이번 4장에서도 황금 이야기가 나온다. '은화 자유 주조 운동(銀貨 自由 鑄造 運動, free silver movement)' 이야기이다.

이러한 정황은 '금본위제(gold standard)'라는 제도에 대해 관심을 가지게 한다.

4.3.1 금본위제란?

이 제도를 실시하는 나라에서는 종이로 만든 돈이 실제로 금이다. 은행에 지폐를 가지고 가면 정해진 중량의 금으로 바꾸어 준다.

공식 용어는 '태환(兌換, conversion)'이다.

그림 4-7 | 태환 가능한 미국 화폐6

---

6 US gold certificate (1922) Gold certificates were used as paper currency in the United States from 1882 to 1933. These certificates were freely convertible into gold coins.

〈그림 4-7〉에는 이렇게 금으로 바꿀 수 있는 지폐를 보여준다. 〈그림 4-8〉에 나오는 내용은 영어 그대로 적어 둔다.

지폐를 가지고 있는 사람이 요구하면 미국 재산으로 예치된 금화 100 달러를 준다고 명시되어 있다. 'legal tender'은 '법정 통화(法定 通貨)'를 의미한다.

구체적 법률에 의해 '부채(debt)' 상환이나 '지불금(due)'으로 쓰여질 수 있다는 내용도 있다.

THIS CERTIFIES THAT
here have been deposited in
The Treasury of the United States
ONE HUNDRED DOLLARS IN GOLD COIN
repayable to the bearer on demand

THIS CERTIFICATE IS A LEGAL TENDER
IN THE AMOUNT THEREOF IN PAYMENT OF ALL
DEBTS AND DUES PUBLIC AND PRIVATE
ACTS OF MARCH 14, 1900 AS AMENDED
AND DECEMBER 24, 1919

금본위제가 국제적으로 실행되는 이유는 쉽게 설명된다. 국경을 넘어 무역을 할 때, 값을 치를 기준이 필요하기 때문이다.

만약 두 나라가 모두 순금으로 만든 동전을 사용한다면 무게를 재어서 거래를 하면 쉬울 것이다.

두 나라 돈이 금과 연결되어 있다면, 역시 거래가 쉬울 것이다. 만약 현재

President McKinley signs Gold Standard Act, March 14, 1900. On this day in 1900, President William McKinley signed the Gold Standard Act, which established gold as the sole basis for redeeming paper currency. The act halted the practice of bimetallism, which had allowed silver to also serve as a monetary standard.
https://commons.wikimedia.org/wiki/File:Us-gold-certificate-1922.jpg

그림 4-8 태환 가능한 미국화폐에 적힌 내용

금 1돈이 50만 원이고, 여기에 미국 돈과 한국 돈이 연결되어 있다고 가정해 보자.

여기서 연결된다는 것은 은행에 돈을 가지고 가면 금을 준다는 의미이다.

500 달러 = 금 1돈
50만 원 = 금 1돈

지금 당장 금본위제를 한다면 이런 식이 된다. 미국 돈 1 달러는 한국 돈 천원으로 쉽게 거래된다.

국제 금본위제는 영국에 의해 시작된다. 1803년에서 1815년에 이르는 나폴레옹 전쟁이 끝난 후이다.

Rondo Cameron과 Larry Neal의 『간결한 세계경제사(A Concise Economic History of the World)』 368쪽에서 관련 내용을 인용한다.

나폴레옹 전쟁이 끝난 후에 정부는 중세의 금속본위제도로 복귀할 것을 결정하였다. 그러나 파운드가 여전히 '스털링'이라고 칭하여졌음에도 불구하고 은보다는 오히려 18세기의 실질적인 본위화폐였던 금을 선택하였다. 계정화폐(가치척도)는 113.0016그레인(grain)의 정제된 (순)금으로 정한 1 파운드의 금화(gold sovereign) 또는 금 파운드(gold pound)였다.

금본위제를 창설한 의회법(Act of Parliament)의 규정 하에서는 다음과 같은 세 가지 조건이 준수되어야 했다.

(1) 왕립 조폐소는 고정 가격 하에서 금을 무제한으로 구매하고 판매해야 한다.
(2) 잉글랜드 은행과 그 밖의 다른 모든 은행은 원하는 경우 금융상의 채무(은행권, 예금)를 금으로 교환해 주어야 한다.
(3) 금의 유출입에 대해서는 어떠한 규제도 가할 수 없다.

그렇다면 왜 금일까? 왜 은이 아닐까? 중국을 예로 들어보자. 꾸준히 은본위제를 실시한 나라이다.

당시 영국에서는 은이 귀했다. 중국에서 차를 사들여오는 데 막대한 은이 쓰이기 때문이다. 이러한 은의 유출은 이후 아편전쟁으로 연결된다.

19세기 후반에는 국제 금본위제가 확립되어 대부분 유럽 나라가 금본위제를 도입한다. 영국과 가까운 독일부터 시작하고, 청일전쟁(1894~1895)에서 막대한 배상금을 뜯어 낸 일본도 합류한다. 여기서 미국은 '금본위제 법령(Gold Standard Act)'을 선포한 1900년을 기준으로 한다.

제1차 세계대전이 일어나기 전까지는 이러한 국제 금본위제가 공고히 유지된다. 당연히 전쟁 중에는 금본위제가 제대로 유지될 수가 없다. 막대한 군비 조달이 금본위제에서는 불가능하기 때문이다.

제2차 세계대전 이후에는 미국이 금본위제를 다시 시작한다. 1971년 8월 15일까지 '1 온스=35 달러'를 유지한다. '1 온스(ounce)'는 28.349523 그램이다.

1971년 닉슨 대통령은 달러를 금으로 바꾸어 주는 것을 거부한다. 이러한 금본위제 포기는 과거와 마찬가지의 이유이다. 베트남 전쟁비용 때문이다.

쉬운 교환 이외에도, 금본위제는 나름대로 매력이 있다. 국제경제에서 안정성을 가진다. 본질적인 자기 조절 기능이 있기 때문이다.

다음과 같은 일련의 과정을 보면 이해가 된다. 반대로는 쉽게 다시 추론해볼 수 있다.

> 무역 적자
> → 금 유출
> → 국내 돈 공급 수축으로 인한 경기침체
> → 국내 상품가격 하락, 물가 하락, 임금 하락, 수입가격 상승
> → 국제 경쟁력 상승
> → 싼 가격에 상품을 공급하기 때문에 무역 흑자 전환

하지만 치명적 단점이 있다.

첫째로, 본질적으로 경기침체를 가져온다. 나라 곳간에 있는 금의 양에 통화량이 한정되기 때문이다.

물론 이러한 단점이 동시에 장점으로 활용될 수도 있다. 함부로 돈을 찍어내는 것이 불가능하기 때문이다.

채무를 가지고 있는 미국 농민과 돈을 빌려준 월스트리트 은행가의 이해가 충돌하는 것은 당연하다. 농민 입장에서는 빌린 돈보다 갚을 돈이 더 커지는 것이다.

두 번째로 금을 둘러싼 비극이 일어날 수 밖에 없다. 금을 캐는 사람이 돈을 찍어내는 사람이 되기 때문이다. 국가나 개인은 피를 흘려가면서라도 금광을 차지하려 한다.

보어전쟁, 미국 토착민 축출과 같은 이 책에서 다루는 비극이 황금과 연결되는 이유이다.

부록 1. ___ Northwest Ordinance(1787)

An Ordinance for the government of the Territory of the United States northwest of the River Ohio.

Section 1. Be it ordained by the United States in Congress assembled, That the said territory, for the purposes of temporary government, be one district, subject, however, to be divided into two districts, as future circumstances may, in the opinion of Congress, make it expedient.

Sec. 2. Be it ordained by the authority aforesaid, That the estates, both of resident and nonresident proprietors in the said territory, dying intestate, shall descent to, and be distributed among their children, and the descendants of a deceased child, in equal parts; the descendants of a deceased child or grandchild to take the share of their deceased parent in equal parts among them: And where there shall be no children or descendants, then in equal parts to the next of kin in equal degree; and among collaterals, the children of a deceased brother or sister of the intestate shall have, in equal parts among them, their deceased parents' share; and there shall in no case be a distinction between kindred of the whole and half blood; saving, in all cases, to the widow of the intestate her third part of the real estate for life, and one third part of the personal estate; and this law relative to descents and dower, shall remain in full force until altered by the legislature of the district. And until the governor and judges shall adopt laws as hereinafter mentioned, estates in the said territory may be devised or bequeathed by wills in writing, signed and sealed by him or her in whom the estate may be (being of full age), and attested by three witnesses; and real estates may be conveyed by lease and release, or bargain and sale, signed, sealed and delivered by the person being of full age, in whom the estate may be, and attested by two witnesses, provided such wills be duly proved, and such conveyances be acknowledged, or the execution thereof duly proved, and be recorded within one year after proper magistrates, courts, and registers shall be appointed for that purpose; and personal property may be transferred by delivery; saving, however to the French and Canadian inhabitants, and other settlers of the Kaskaskies, St. Vincents and the neighboring villages who have heretofore professed themselves citizens of Virginia, their laws and customs now in force among them, relative to the descent and conveyance, of property.

Sec. 3. Be it ordained by the authority aforesaid, That there shall be appointed from time to time by Congress, a governor, whose commission shall continue in force for the term of three years, unless sooner revoked by Congress; he shall reside in the district, and have a freehold estate therein in 1,000 acres of land, while in the exercise of his office.

Sec. 4. There shall be appointed from time to time by Congress, a secretary, whose commission shall continue in force for four years unless sooner revoked; he shall reside in the district, and have a freehold estate therein in 500 acres of land, while in the exercise of his office. It shall be his duty to keep and preserve the acts and laws passed by the legislature, and the public records of the district, and the proceedings of the governor in his executive department, and transmit authentic copies of such acts and proceedings, every six months, to the Secretary of Congress: There shall also be appointed a court to consist of three judges, any two of whom to form a court, who shall have a common law jurisdiction, and reside in the district, and have each therein a freehold estate in 500 acres of land while in the exercise of their offices; and their commissions shall continue in force during good behavior.

Sec. 5. The governor and judges, or a majority of them, shall adopt and publish in the district such laws of the original States, criminal and civil, as may be necessary and best suited to the circumstances of the district, and report them to Congress from time to time: which laws shall be in force in the district until the organization of the General Assembly therein, unless disapproved of by Congress; but afterwards the Legislature shall have authority to alter them as they shall think fit.

Sec. 6. The governor, for the time being, shall be commander in chief of the militia, appoint and commission all officers in the same below the rank of general officers; all general officers shall be appointed and commissioned by Congress.

Sec. 7. Previous to the organization of the general assembly, the governor shall appoint such magistrates and other civil officers in each county or township, as he shall find necessary for the preservation of the peace and good order in the same: After the general assembly shall be organized, the powers and duties of the magistrates and other civil officers shall be regulated and defined by the said assembly; but all magistrates and other civil officers not herein otherwise directed, shall during the continuance of this temporary government, be appointed by the governor.

Sec. 8. For the prevention of crimes and injuries, the laws to be adopted or made shall have force in all parts of the district, and for the execution of process, criminal and civil, the governor shall make proper divisions thereof; and he shall proceed from time to time as circumstances may require, to lay out the parts of the district in which the Indian titles shall have been extinguished, into counties and townships, subject, however, to such alterations as may thereafter be made by the legislature.

Sec. 9. So soon as there shall be five thousand free male inhabitants of full age in the district, upon giving proof thereof to the governor, they shall receive authority, with time and place, to elect a representative from their counties or townships to represent them in the general assembly: Provided, That, for every five hundred free male inhabitants, there shall be one representative, and so on progressively with the number of free male inhabitants shall the right of representation increase, until the number of representatives shall amount to twenty five; after which, the number and proportion of representatives shall be regulated by the legislature: Provided, That no person be eligible or qualified to act as a representative unless he shall have been a citizen of one of the United States three years, and be a resident in the district, or unless he shall have resided in the district three years; and, in either case, shall likewise hold in his own right, in fee simple, two hundred acres of land within the same; Provided, also, That a freehold in fifty acres of land in the district, having been a citizen of one of the states, and being resident in the district, or the like freehold and two years residence in the district, shall be necessary to qualify a man as an elector of a representative.

Sec. 10. The representatives thus elected, shall serve for the term of two years; and, in case of the death of a representative, or removal from office, the governor shall issue a writ to the county or township for which he was a member, to elect another in his stead, to serve for the residue of the term.

Sec. 11. The general assembly or legislature shall consist of the governor, legislative council, and a house of representatives. The Legislative Council shall consist of five members, to continue in office five years, unless sooner removed by Congress; any three of whom to be a quorum: and the members of the Council shall be nominated and appointed in the following manner, to wit: As soon as representatives shall be elected, the Governor shall appoint a time and place for them to meet together; and, when met, they shall nominate ten persons, residents in the district, and each possessed of a freehold in five hundred acres of land, and return their names to Congress; five of whom Congress shall appoint and commission to serve as aforesaid; and, whenever a vacancy shall happen in the council, by death or removal from office, the house of representatives shall nominate two persons, qualified as aforesaid, for each vacancy, and return their names to Congress; one of whom congress shall appoint and commission for the residue of the term. And every five years, four months at least before the expiration of the time of service of the members of council, the said house shall nominate ten persons, qualified as aforesaid, and return their names to Congress; five of whom Congress shall appoint and commission to serve as members of the council five years, unless sooner removed. And the governor, legislative council, and house of representatives, shall have authority to make laws in all cases, for the good government of the district, not repugnant to the principles and articles in this ordinance established and declared. And all bills, having passed by a majority in the house, and by a majority in the council, shall be referred to the governor for his assent; but no bill, or legislative act whatever, shall be of any force without his assent. The governor shall have power to convene, prorogue, and dissolve the general assembly, when, in his opinion, it shall be expedient.

Sec. 12. The governor, judges, legislative council, secretary, and such other officers as Congress shall appoint in the district, shall take an oath or affirmation of fidelity and of office; the governor before the president of congress, and all other officers before the Governor. As soon as a legislature shall be formed in the district, the council and house assembled in one room, shall have authority, by joint ballot, to elect a delegate to Congress, who shall have a seat in Congress, with a right of debating but not voting during this temporary government.

Sec. 13. And, for extending the fundamental principles of civil and religious liberty, which form the basis whereon these republics, their laws and constitutions are erected; to fix and establish those principles as the basis of all laws, constitutions, and governments, which forever hereafter shall be formed in the said territory: to provide also for the establishment of States, and permanent government therein, and for their admission to a share in the federal councils on an equal footing with the original States, at as early periods as may be consistent with the general interest:

Sec. 14. It is hereby ordained and declared by the authority aforesaid, That the following articles shall be considered as articles of compact between the original States and the people and States in the said territory and forever remain unalterable, unless by common consent, to wit:

Art. 1. No person, demeaning himself in a peaceable and orderly manner, shall ever be molested on account of his mode of worship or religious sentiments, in the said territory.

Art. 2. The inhabitants of the said territory shall always be entitled to the benefits of the writ of habeas corpus, and of the trial by jury; of a proportionate representation of the people in the legislature; and of judicial proceedings according to the course of the common law. All persons shall be bailable, unless for capital offenses, where the proof shall be evident or the presumption great. All fines shall be moderate; and no cruel or unusual punishments shall be inflicted. No man shall be deprived of his liberty or property, but by the judgment of his peers or the law of the land; and, should the public exigencies make it necessary, for the common preservation, to take any person's property, or to demand his particular services, full compensation shall be made for the same. And, in the just preservation of rights and property, it is understood and declared, that no law ought ever to be made, or have force in the said territory, that shall, in any manner whatever, interfere with or affect private contracts or engagements, bona fide, and without fraud, previously formed.

Art. 3. Religion, morality, and knowledge, being necessary to good government and the happiness of mankind, schools and the means of education shall forever be encouraged. The utmost good faith shall always be observed towards the Indians; their lands and property shall never be taken from them without their consent; and, in their property, rights, and liberty, they shall never be invaded or disturbed, unless in just and lawful wars authorized by Congress; but laws founded in justice and humanity, shall from time to time be made for preventing wrongs being done to them, and for preserving peace and friendship with them.

Art. 4. The said territory, and the States which may be formed therein, shall forever remain a part of this Confederacy of the United States of America, subject to the Articles of Confederation, and to such alterations therein as shall be constitutionally made; and to all the acts and ordinances of the United States in Congress assembled, conformable thereto. The inhabitants and settlers in the said territory shall be subject to pay a part of the federal debts contracted or to be contracted, and a proportional part of the expenses of government, to be apportioned on them by Congress according to the same common rule and measure by which apportionments thereof shall be made on the other States; and the taxes for paying their proportion shall be laid and levied by the authority and direction of the legislatures of the district or districts, or new States, as in the original States, within the time agreed upon by the United States in Congress assembled. The legislatures of those districts or new States, shall never interfere with the primary disposal of the soil by the United States in Congress assembled, nor with any regulations Congress may find necessary for securing the title in such soil to the bona fide purchasers. No tax shall be imposed on lands the property of the United States; and, in no case, shall nonresident proprietors be taxed higher than residents. The navigable waters leading into the Mississippi and St. Lawrence, and the carrying places between the same, shall be common highways and forever free, as well to the inhabitants of the said territory as to the citizens of the United States, and those of any other States that may be admitted into the confederacy, without any tax, impost, or duty therefor.

Art. 5. There shall be formed in the said territory, not less than three nor more than five States; and the boundaries of the States, as soon as Virginia shall alter her act of cession, and consent to the same, shall become fixed and established as follows, to wit: The western State in the said territory, shall be bounded by the Mississippi, the Ohio, and Wabash Rivers; a direct line drawn from the Wabash and Post Vincents, due North, to the territorial line between the United States and Canada; and, by the said territorial line, to the Lake of the Woods and Mississippi. The middle State shall be bounded by the said direct line, the Wabash from Post Vincents to the Ohio, by the Ohio, by a direct line, drawn due north from the mouth of the Great Miami, to the said territorial line, and by the said territorial line. The eastern State shall be bounded by the last mentioned direct line, the Ohio, Pennsylvania, and the said territorial line: Provided, however, and it is further understood and declared, that the boundaries of these three States shall be subject so far to be altered, that, if Congress shall hereafter find it expedient, they shall have authority to form one or two States in that part of the said territory which lies north of an east and west line drawn through the southerly bend or extreme of Lake Michigan. And, whenever any of the said States shall have sixty thousand free inhabitants therein, such State shall be admitted, by its delegates, into the Congress of the United States, on an equal footing with the original States in all respects whatever, and shall be at liberty to form a permanent constitution and State government: Provided, the constitution and government so to be formed, shall be republican, and in conformity to the principles contained in these articles; and, so far as it can be consistent with the general interest of the confederacy, such admission shall be allowed at an earlier period, and when there may be a less number of free inhabitants in the State than sixty thousand.

Art. 6. There shall be neither slavery nor involuntary servitude in the said territory, otherwise than in the punishment of crimes whereof the party shall have been duly convicted: Provided, always, That any person escaping into the same, from whom labor or service is lawfully claimed in any one of the original States, such fugitive may be lawfully reclaimed and conveyed to the person claiming his or her labor or service as aforesaid.

Be it ordained by the authority aforesaid, That the resolutions of the 23rd of April, 1784, relative to the subject of this ordinance, be, and the same are hereby repealed and declared null and void.

Done by the United States, in Congress assembled, the 13th day of July, in the year of our Lord 1787, and of their soveriegnty and independence the twelfth.

[출처]

Transcription courtesy of the Avalon Project at Yale Law School.
https://www.ourdocuments.gov/doc.php?flash=false&doc=8&page=transcript

부록 2. ____ The Removal Act

28 May 1830

An Act to provide for an exchange of lands with the Indians residing in any of the states or territories, and for their removal west of the river Mississippi.

Be it enacted by the Senate and House of Representatives of the United States of America, in Congress assembled, That it shall and may be lawful for the President of the United States to cause so much of any territory belonging to the United States, west of the river Mississippi, not included in any state or organized territory, and to which the Indian title has been extinguished, as he may judge necessary, to be divided into a suitable number of districts, for the reception of such tribes or nations of Indians as may choose to exchange the lands where they now reside, and remove there; and to cause each of said districts to be so described by natural or artificial marks, as to be easily distinguished from every other.

And be it further enacted, That it shall and may be lawful for the President to exchange any or all of such districts, so to be laid off and described, with any tribe or nation of Indians now residing within the limits of any of the states or territories, and with which the United States have existing treaties, for the whole or any part or portion of the territory claimed and occupied by such tribe or nation, within the bounds of any one or more of the states or territories, where the land claimed and occupied by the Indians, is owned by the United States, or the United States are bound to the state within which it lies to extinguish the Indian claim thereto.

And be it further enacted, That in the making of any such exchange or exchanges, it shall and may be lawful for the President solemnly to assure the tribe or nation with which the exchange is made, that the United States will forever secure and guaranty to them, and their heirs or successors, the country so exchanged with them; and if they prefer it, that the United States will cause a patent or grant to be made and executed to them for the same: Provided always, That such lands shall revert to the United States, if the Indians become extinct, or abandon the same.

And be it further enacted, That if, upon any of the lands now occupied by the Indians, and to be exchanged for, there should be such improvements as add value to the land claimed by any individual or individuals of such tribes or nations, it shall and may be lawful for the President to cause such value to be ascertained by appraisement or otherwise, and to cause such ascertained value to be paid to the person or persons rightfully claiming such improvements. And upon the payment of such valuation, the improvements so valued and paid for, shall pass to the United States, and possession shall not afterwards be permitted to any of the same tribe.

And be it further enacted, That upon the making of any such exchange as is contemplated by this act, it shall and may be lawful for the President to cause such aid and assistance to be furnished to the emigrants as may be necessary and proper to enable them to remove to, and settle in, the country for which they may have exchanged; and also, to give them such aid and assistance as may be necessary for their support and subsistence for the first year after their removal.

And be it further enacted, That it shall and may be lawful for the President to cause such tribe or nation to be protected, at their new residence, against all interruption or disturbance from any other tribe or nation of Indians, or from any other person or persons whatever.

And be it further enacted, That it shall and may be lawful for the President to have the same superintendence and care over any tribe or nation in the country to which they may remove, as contemplated by this act, that he is now authorized to have over them at their present places of residence: Provided, That nothing in this act contained shall be construed as authorizing or directing the violation of any existing treaty between the United States and any of the Indian tribes.

And be it further enacted, That for the purpose of giving effect to the Provisions of this act, the sum of five hundred thousand dollars is hereby appropriated, to be paid out of any money in the treasury, not otherwise appropriated.

[출처]

https://www.mtholyoke.edu/acad/intrel/removal.htm

부록 3. ____ An Act for the Government and Protection of Indians

April 22, 1850

(Chapter 133, Statutes of California, April 22, 1850)

The people of the State of California, represented in Senate and Assembly, do enact as follows:

1. Justices of the Peace shall have jurisdiction in all cases of complaints by, for or against Indians, in their respective townships in this State.

2. Persons and proprietors of land on which Indians are residing, shall permit such Indians peaceably to reside on such lands, unmolested in the pursuit of their usual avocations for the maintenance of themselves and their families: Provided; the white person or proprietor in possession of lands may apply to a Justice of the Peace in the Township where the Indians reside, to set off to such Indians a certain amount of land, and, on such application, the Justice shall set off a sufficient amount of land for the necessary wants of such Indians, including the site of their village or residence, if they so prefer it; and in no case shall such selection be made to the prejudice of such Indians, nor shall they be forced to abandon their homes or villages where they have resided for a number of years; and either party feeling themselves aggrieved, can appeal to the County Court

from the decision of the Justice: and then divided, a record shall be made of the lands so set off in the Court so dividing them and the Indians shall be permitted to remain thereon until otherwise provided for.

3. Any person having or hereafter obtaining a minor Indian, male or female, from the parents or relations of such Indian Minor, and wishing to keep it, such person shall go before a Justice of the Peace in his Township, with the parents or friends of the child, and if the Justice of the Peace becomes satisfied that no compulsory means have been used to obtain the child from its parents or friends, shall enter on record, in a book kept for that purpose, the sex and probable age of the child, and shall give to such person a certificate, authorizing him or her to have the care, custody, control, and earnings of such minor, until he or she obtain the age of majority. Every male Indian shall be deemed to have attained his majority at eighteen, and the female at fifteen years.

4. Any person having a minor Indian in his care, as described in the foregoing Section of the Act, who shall neglect to clothe and suitably feed such minor Indian, or shall inhumanely treat him or her, on conviction thereof shall be subject to a fine not less than ten dollars, at the discretion of a Court or Jury; and the Justice of the Peace, in his own discretion, may place the minor Indian in the care of some other person, giving him the same rights and liabilities that the former master of said minor was entitled and subject to.

5. Any person wishing to hire an Indian, shall go before a Justice of the Peace with the Indian, and make such contract as the Justice may approve, and the Justice shall file such contract in writing in his office,

and all contracts so made shall be binding between the parties; but no contract between a white man and an Indian, for labor, shall otherwise be obligatory on the part of the Indian.

6. Complaints may be made before a Justice of the Peace, by white persons or Indians: but in no case shall a white man be convicted on any offence upon the testimony of an Indian.

7. If any person forcibly conveys an Indian from his home, or compels him to work, or perform against his will, in this State, except as provided in this Act, he or they shall, on conviction, be fined in any sum not less than fifty dollars, at the discretion of the Court or Jury.

8. It shall be the duty of the Justices of the Peace, once in six months in every year, to make a full and correct statement to the Court of Sessions of their County, of all monies received of fines imposed on Indians, and all fees allowed for services rendered under the provisions of the Act; and said Justices shall pay over to the County Treasures of their respective counties, all money they may have received for fines and not appropriated, or fees for services rendered under this Act; and the treasurer shall keep a correct statement of all money so received, which shall be termed the "Indian Fund" of the county. The Treasurer shall pay out any money of said funds in his hands, on a certificate of a Justice of the Peace of his county, for fees and expenditures incurred in carrying out the provisions of this law.

9. It shall be the duty of the Justices of the Peace, in their respective townships, as well as all other peace officers in this State, to instruct the

Indians in their neighborhood in the laws which relate to them, giving them such advice as they may deem necessary and proper; and if any tribe or village of Indians refuse or neglect to obey the laws, the Justice of the Peace may punish the guilty chiefs or principal men by reprimand or fine, or otherwise reasonably chastise them.

10. If any person or persons shall set the prairie on fire, or refuse to use proper exertions to extinguish the fire when the prairies are burning, such persons shall be subject to fine or punishment, as Court may adjudge proper.

11. If any Indian shall commit an unlawful offence against a white person, such person shall not inflict punishment for such offence, but may, without process, take the Indian before a Justice of the Peace, and on conviction, the Indian shall be punished according to the provisions of this Act.

12. In all cases of trial between a white man and an Indian, either party may require a jury.

13. Justices may require the chiefs and influential men of any village to apprehend and bring before them or him any Indian charged or suspected of an offence.

14. When an Indian is convicted of an offence before a Justice of the Peace, punishable by fine, any white man may, by consent of the justice, give bond for said Indian, conditioned for the payment of said fine and costs, and in such case the Indian shall be compelled to work for the person so bailing, until he has discharged or cancelled the fine assessed against him: Provided; the person bailing shall treat the Indian humanely, and feed and clothe him properly; the allowance given for such labor shall be fixed by the Court, when the bond is taken.

15. If any person in this State shall sell, give, or furnish to any Indian, male or female, any intoxicating liquors (except when administered for sickness), for good cause shown, he, she, or they so offending shall, on conviction thereof, be fined not less than twenty dollars for each offence, or be imprisoned not less than five days, or fined and imprisoned as the Court may determine.

16. An Indian convicted of stealing horses, mules, cattle, or any valuable thing, shall be subject to receive any number of lashes not exceeding twenty—five, or shall be subject to a fine not exceeding two hundred dollars, at the discretion of the Court or jury.

17. When an Indian is sentenced to be whipped, the Justice may appoint a white man, or an Indian at his discretion, to execute the sentence in his presence, and shall not permit unnecessary cruelty in the execution of the sentence.

18. All fines, forfeitures, penalties recovered under or by this Act, shall be paid into the treasury of the county, to the credit of the Indian Fund as provided in section 8.

19. All white persons making application to a Justice of the Peace, for confirmation of a contract with or in relation to an Indian, shall pay the fee, which shall not exceed two dollars for each contract determined and filed as provided in this Act, and for all other services, such fees are allowed for similar services under other laws of this State. Provided, the application fee for hiring Indians, or keeping minors, and fees and expenses for setting off lands to Indians, shall be paid by the white person applying.

20. Any Indian able to work and support himself in some honest calling, not having wherewithal to maintain himself, who shall be found loitering and strolling about, or frequenting public places where liquors are sold, begging, or leading an immoral or profligate course of life, shall be liable to be arrested on the complaint of any reasonable citizen of the county, brought before the Justice of the Peace of the proper county, Mayor or Recorder of any incorporated town or city, who shall examine said accused Indian, and hear the testimony in relation thereto, and if said Justice, mayor or Recorder shall be satisfied that he is a vagrant, as above set forth, he shall make out a warrant under his hand and seal, authorizing and requiring the officer having him in charge or custody, to hire out such vagrant within twenty—four hours to the highest bidder, by public notice given as he shall direct, for the highest price that can be had, for any term not exceeding four months; and such vagrant shall be subject to and governed by the provisions of this Act, regulating guardians and minors, during the time which he has been so hired. The money received for his hire, shall, after deducting the costs, and the necessary expense for clothing the said Indian, which may have been purchased by his employer, be, if he be without a family, paid into the County Treasury, to the credit of the Indian Fund. But if he have a family, the same shall be appropriated for their use and benefit: Provided, that any such vagrant,

when arrested, and before judgment, may relieve himself by giving to said Justice, mayor or Recorder, a bond, with good security, conditioned that he will, for the next twelve months, conduct himself with good behavior, and betake to some honest employment for support.

Amendments to Act of April 1850 (approved 1860)

Chapter CCXXXI — An Act amendatory of an Act entitled "An Act for the Government and Protection of Indians," passed April twenty — second, one thousand eight hundred and fifty. [Approved April 18, 1860.]

The people of the State of California, represented in Senate and Assembly, do enact as follows:

SECTION 1. Section third of said act, is hereby amended so as to read as follows:

Sec. 3. County and District Judges in the respective counties of this state, shall, by virtue of this act, have full power and authority, at the instance and request of any person having or hereafter obtaining an Indian child or children, male or female, under the age of fifteen years, from the parents or person or persons having the care or charge of such child or children, with the consent of such parents or person or persons having the care or charge of any such child or children, or at the instance and request of any person desirous of obtaining any Indian or Indians, whether children or grown persons, that may be held as prisoners of war, or at the instance and request of any person desirous of obtaining any vagrant Indian or Indians, as have no settled habitation or means of livelihood, and have not placed themselves under the protection of any white person, to bind and put out such Indians as apprentices, to trades, husbandry, or other employments, as to them shall appear proper, and for this purpose shall execute duplicate articles of indenture of apprenticeship on behalf of such Indians, which indentures shall also be executed by the person to whom such Indian or Indians are to be indentured; one copy of which shall be filed by the County Judge, in the Recorder's office of the county, and one copy retained by the person to whom such Indian or Indians may be indentured; such indentures shall authorize such person to have the care, custody, control, and earnings, of such Indian or Indians, as shall require such person to clothe and suitably provide the necessaries of life for such Indian or Indians, for and during the term for which such Indian or Indians shall be apprenticed, and shall contain the sex, name, and probable age, of such Indian or Indians; such indentures may be for the following terms of years: Such children as are under fourteen years of age, if males, until they attain the age of twenty−five years; if females, until they attain the age of twenty−one years; such as are over fourteen and under twenty years of age, if males, until they attain the age of thirty years; if females, until they attain the age of twenty−five years; and such Indians as may over the age of twenty years, then next following the date of such indentures, for and during the term of ten years, at the discretion of such Judge; such Indians as may be indentured under provision of this section, shall be deemed within such provisions of this act, as are applicable to minor Indians.

SECTION 2. Section seventh of said act is hereby amended so as to read as follows:

Sec. 7 If any person shall forcibly convey any Indian from any place without this State, to any place within this State, or compel him or her to work or perform any service, against his or her will, except as provided in this act, he or they shall, upon conviction thereof, be fined in any sum not less than one hundred dollars, nor more than five hundred dollars, before any court having jurisdiction, at the discretion of the court, and the collection of such fine shall be enforced as provided by law in other criminal cases, one—half to be paid to the prosecutor, and one—half to the county in which such conviction is had.

[출처]

http://www.indiancanyon.org/ACTof1850.html

REFERENCE _____ 참고문헌

맥세계사편찬위원회. 2014. 『그리스사』 느낌이있는책.

川北稔 가와기타 미노루. 2003(1996). 장미화 역.『砂糖の 世界史 설탕의 세계사』
    좋은책만들기.

Baum, Frank. 2000(2008). *The Annotated Wizard of OZ*. 공경희 역.『주석달린
    오즈의 마법사』 북폴리오.

Black, Jeremy. 2009(2008). *Great Military Leaders and Their Campaigns*. 박수철
    역.『역사를 바꾼 위대한 장군들』 21세기 북스.

Blumrosen, Alfred W. Ruth G. Blumrosen & Steven Blumrosen. 2005. *Slave
    Nation: How slavery united colonies & sparked the American revolution.*
    Sourcebooks Inc.

Boorstin, Daniel. 1965. *The Americans*. NY: Random House.

Cook, S. F. 1943. *The Conflict between the California Indian and White Civilization
    Berkeley*. California: University of California Press.

Dallek, Robert et al. 2008. *American History*. McDougal Littell.

Denise Dersin. 1998(2004). *What life was like in the realm of Elizabeth* Direct
    Holdings Americas Inc. 타임라이프 북스. 권경희 역.『What life was like?
    엘리자베스 여왕의 왕국』 가람출판사.

Deusker, Chandan. 2013. "George Washington and Land Readjustment" July
    31, World Bank Blogs. https://blogs.worldbank.org/sustaina
    blecities/george-washington-and-land-readjustment

Jones, Gareth. 2012. *The Military History Book: The Ultimate Visual Guide to
    the Weapons that Shaped the World*. London: Penguin Randon House.
    Dorling Kindersley Limited.

Feagin, Joe R. 1998. *The New Urban Paradigm.* Lanham: Rowman & Littlefield.

Fogelson, Robert. 1967. *The Fragmented metropolis.* Harvard University.

Forino, Giuseppe. Jason von Meding, and Thomas Johnson. 2017. "The oil economics and land-grab politics behind Myanmar's Rohingya refugee crisis" September 12. *Quartz India* https://qz.com/india/1074906/rohingya-the-oil-economics-and-land-grab-politics-behind-myanmars-refugee-crisis/

Gardner, Andrew G. 2013. "How Did Washington Make His Millions?" https://www.history.org/foundation/journal/winter13/washington.cfm

Gottman, Jean. 1961. *Magalopolis: The Urbanized Notheastern Seaboard of the United States.* Boston: MIT Press.

Isenberg, Nancy. 2019(2016). *White Trash: The 400 year untold history of class in America.* Penguin Books. 강혜정 역. 『알려지지 않은 미국 400년 계급사』 살림.

Jacquin, Philippe. 1987(1998). *Laterre des peaux-rouges.* Les editions Gallimard. 송숙자 역. 『아메리카 인디언의 땅』 시공사.

Jacquin, Philippe. 2002(2005). *La Vie des Pionniers au temps de la Conquête de l'Ouest* Paris: Éditions Larousse. 이세진 역. 『서부개척시대 아메리카인의 일상』 북폴리오.

Jones, Stanley L. (1964). *The Presidential Election of 1896.* Madison, Wis.: University of Wisconsin Press.

Kaplan, Barry. 1983. "Houston" pp. 196-212 in Richard Bernard and Bradley Rice eds., Sunbelt cities. University of Texas.

Lascelles, Christopher. 2016(2014). 『압축세계사 *A Short History of the World*』 박홍경 역. 라이팅하우스.

Logan, John R. & Harvey Molotch. 2007(2013). *Urban Fortunes: The Political Economy of Place.* Univ of California Pr. 김준우 역. 『황금도시: 장소의 정치경제학』 전남대학교 출판사.

Madley, Benjamin. 2008. "California's Yuki Indians: Defining Genocide in

Native American History" *Western Historical Quarterly* 39,3

Martinez, Dona. 2019. *Documents of American Indian Removal* Santa Barbara, California: ABC-CLIO.

Maxwell, William B. 2013. "Washington's Western Lands" https://www.wvency clopedia.org/articles/2344

Cameron, Rondo & Larry Neal. 2008(2003). *A Concise Economic History of the World.* 이헌대 역. 『간결한 세계경제사』 에코피아.

Virginia Museum of History & Culture. 2019. https://www.virginiahistory.org/ collections-and-resources/virginia-history-explorer/ george-washington-land-surveyor 3월 15일 접근.

Wright, Ronald. 1992(2012). *Stolen Continents* Canada. Penguin. 안병국 역. 『빼앗긴 대륙, 아메리카』 이론과 실천.

Zimmerman, Larry. 1996(2001). *Native North America.* Duncan Baird Publishers. 김동주 역. 『북아메리카 원주민』 창해.

[저자 약력]
김준우

1999년 미시간주립대 사회학–도시학 박사
2000년 싱가포르국립대 박사후과정
2001년 부산발전연구원 부연구위원
2002년 전남대 사회학과 교수

[저역서]

2005년 『사회과학의 현대통계학』(김영채 공저) 박영사
2007년 『즐거운 SPSS, 풀리는 통계학』 박영사
2007년 『국가와 도시』 전남대학교출판부
          2008년 문화체육관광부 선정 우수학술도서
2008년 『선집으로 읽는 한국의 도시와 지역』(안영진 공편) 박영사
2010년 『공간이론과 한국도시의 현실』 전남대학교출판부
2013년 『황금도시: 장소의 정치경제학』 전남대학교출판부
John R. Logan & Harvey L. Molotch(2007), *Urban Fortunes: The Political Economy of Place*,
          The University of California.
2017년 『새로운 지역격차와 새로운 처방: 철근/콘크리트에서 지역발전유발 지식서비스로』(안
          영진 공저) 박영사
2019년 『서울권의 등장과 나머지의 쇠퇴』 전남대학교출판부

미국이라는 공간

초판발행	2020년 6월 10일
지은이	김준우
펴낸이	안종만·안상준
편 집	권도연
기획/마케팅	이영조
표지디자인	이미연
제 작	우인도·고철민
펴낸곳	(주) 박영사
	서울특별시 종로구 새문안로3길 36, 1601
	등록 1959. 3. 11. 제300-1959-1호(倫)
전 화	02)733-6771
f a x	02)736-4818
e-mail	pys@pybook.co.kr
homepage	www.pybook.co.kr
I S B N	979-11-303-0989-7 93940

copyright©김준우, 2020, Printed in Korea

정 가   17,000원